ÉDITIONS
LOISIRS
ET PÉDAGOGIE
apprendre

L'INFORMATIQUE *simplement*

Concepts de programmation

Juraj Hromkovič
Tobias Kohn

Sommaire

1 Vos premiers programmes

Programmer signifie communiquer avec l'ordinateur pour lui faire savoir ce qu'il est censé faire dans un langage qu'il est en mesure de comprendre. On appelle de tels langages des **langages de programmation**. Dans « L'informatique, simplement », on utilise le langage Python.

Comme les langages naturels, un langage de programmation est également formé de mots revêtant un sens bien particulier. On utilise un tel langage pour transmettre des instructions à l'ordinateur. C'est pour cette raison que les mots composant un langage de programmation sont appelés **commandes** ou **instructions**. Une suite d'instructions exprimées dans un langage de programmation constitue un **programme**.

Le but de la programmation est d'**automatiser** une tâche en déléguant totalement à l'ordinateur le soin de l'effectuer. Les ordinateurs, au contraire des humains, ne peuvent pas faire preuve de créativité ou improviser. Il faut de ce fait que les instructions que l'on donne à l'ordinateur soient précises et univoques. Pour être en mesure de donner à l'ordinateur des instructions très claires et non ambiguës, il est essentiel de bien comprendre soi-même la tâche en question et de pouvoir la décrire dans les moindres détails. C'est à ce stade-là seulement que l'on peut songer à formuler la tâche dans un langage de programmation pour qu'elle soit effectuée par l'ordinateur.

Dans ce chapitre, vous allez apprendre à écrire vos propres programmes.

Dessiner avec la tortue

Le langage Python possède de très nombreuses instructions que vous allez en partie apprendre à utiliser. Pour commencer, vous apprendrez à utiliser des instructions permettant de contrôler l'ordinateur pour réaliser n'importe quel dessin.

Exemple 1

Copiez l'exemple suivant dans l'éditeur TigerJython. Veillez à le copier de manière très minutieuse en faisant particulièrement attention à la différence entre les majuscules et les minuscules et aux espaces. Pour terminer, cliquez sur l'icône verte « Play »- en haut pour exécuter le programme. Normalement, une fenêtre contenant une petite tortue (Turtle) devrait apparaître. La tortue avance alors de 150 pas. Pour finir, vous pouvez fermer la fenêtre de la tortue.

```
from gturtle import *
makeTurtle()
forward(150)
```

Instructions indispensables pour dessiner

Lorsqu'on souhaite dessiner avec la tortue, il faut le spécifier à l'ordinateur. Pour ce faire, on doit utiliser les instructions suivantes :

```
from gturtle import *
makeTurtle()
```

Ces instructions demandent à l'ordinateur de charger la tortue qui dessine comme un stylo. La première ligne charge les commandes de la tortue et la seconde ligne ouvre la fenêtre dans laquelle la tortue va dessiner. Toutes les lignes qui suivront sont sous votre responsabilité et permettent de donner les instructions de dessin à la tortue.

Nouveaux concepts et éléments de langage Python

Voici les instructions de base permettant de contrôler la tortue :

- `forward` (**nombre de pas**)
  Avancer du nombre de pas indiqué. La commande `forward(150)` fait par exemple avancer la tortue de 150 pas.
- `back` (**nombre de pas**)
  Reculer du nombre de pas indiqué. La commande `back(17)`, fait par exemple reculer la tortue de 17 pas.
- `left` (**angle**)
  Tourner à gauche. La commande `left(120)` fait tourner la tortue à gauche de 120°.
- `right` (**angle**)
  Tourner à droite. La commande `right(90)` fait tourner la tortue à droite de 90°.

Une suite d'instructions dans un langage de programmation donné constitue un **programme**. Chaque ligne du programme contient exactement une instruction.

Exemple 2 **Le programme suivant dessine un rectangle de taille 100 × 200. Les longueurs sont mesurées en nombre de pas de la tortue.**

```
from gturtle import *
makeTurtle()
forward(100)
right(90)
forward(200)
right(90)
forward(100)
right(90)
forward(200)
right(90)
```

Essayez de prédire le parcours que la tortue va emprunter lors de l'exécution du programme et dessinez-le sur une feuille de papier. Écrivez ensuite le programme dans l'éditeur et testez-le en demandant à l'ordinateur de l'exécuter.

1 Écrivez un programme qui dessine un carré de taille 150 × 150.

2 Développez un programme qui dessine un triangle équilatéral de côté 200. Procédez de la manière suivante :

A Dessinez sur une feuille de papier le chemin que la tortue devrait emprunter.

B Réfléchissez à la grandeur des angles d'un triangle équilatéral.
Notez que la tortue tourne de 180° moins l'angle du triangle.

C Écrivez le programme en Python.

3 Écrivez un programme qui dessine un losange conformément au croquis ci-dessous.

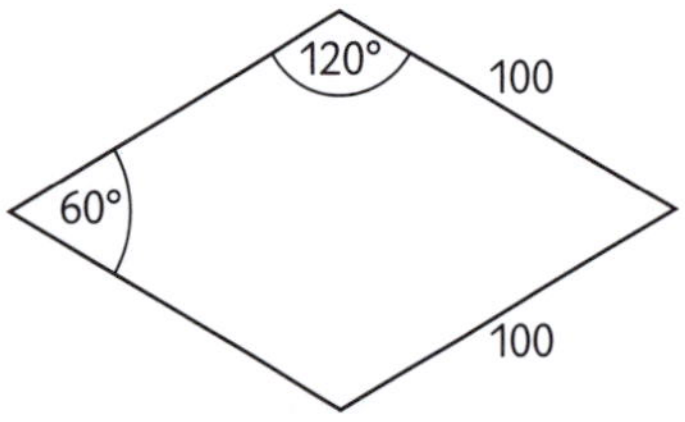

4 Écrivez un programme dessinant un éclair comme celui dans la marge.
Choisissez vous-même la longueur des segments et la grandeur des angles.

Exemple 3 **Le programme suivant fait dessiner un rectangle à la tortue. Réfléchissez d'abord à la manière dont la tortue marche et écrivez ensuite le programme dans TigerJython. Exécutez le programme et observez le chemin emprunté par la tortue.**

```
from gturtle import *
makeTurtle()
back(200)
right(90)
back(300)
left(-90)
forward(-200)
right(90)
forward(-300)
left(-90)
```

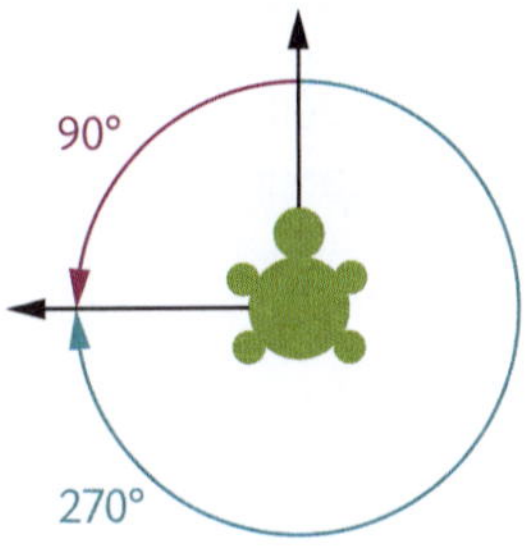

Il suffit de deux commandes

Des quatre commandes `forward`, `back`, `left` et `right`, on pourrait se contenter de n'en garder que deux pour dessiner n'importe quelle figure. Il suffirait d'avoir la commande `forward` pour dessiner un segment et la commande `right` pour tourner. En effet, au lieu de `back(200)`, on peut aussi écrire `forward(-200)` et au lieu de `right(90)`, on peut utiliser `left(-90)`.
Pour les angles, il y a même encore une autre possibilité : les commandes `left(90)` et `right(270)` produisent exactement le même effet puisque les angles 90° et 270° font 360°. Plus précisément, tourner de 90° à gauche revient à tourner de 270° à droite (voir l'illustration dans la marge gauche).

5 Transformez les commandes pour que `left` devienne `right` et vice-versa.
À la fin, la tortue doit regarder dans la même direction.
Exemple : `right(90)` se transforme en `left(270)`.

A `right(80)`
B `left(310)`
C `left(75)`
D `right(160)`

Excursion dans la technologie informatique

Pixel

Si l'on observe attentivement une calculatrice, on peut constater que les chiffres à l'écran sont formés de petits carrés. L'affichage n'est en fait rien d'autre qu'une grille de carrés soit vides soit pleins. Ces carrés sont appelés pixels, abréviation de « PICture ELement ».

L'ordinateur fonctionne également avec une grille de pixels pour stocker et afficher les images. Les pixels d'un ordinateur sont bien plus petits que sur une calculatrice et peuvent être remplis de différentes couleurs. Sur un smartphone, les pixels de l'écran sont si petits qu'il est presque impossible de les distinguer à l'œil nu.

Une image codée comme une grille de pixels est une représentation numérique de l'image. Dans un appareil photo numérique, de minuscules puces électroniques carrées captent la lumière et reportent les couleurs sur la grille. En revanche, si l'on peint l'image sur une feuille, il s'agit d'une représentation analogique de l'image.

Plus il y a de pixels dans une image et plus ils sont petits, plus l'image paraît nette et réaliste. Une image représentée par une grille de 1920 × 1080 pixels, dite « Full HD », compte en tout 2 073 600 pixels ou, pour faire court, 2 mégapixels. Mais on peut faire encore mieux avec le « Ultra HD » ou le « 4K », qui correspond à 3840 × 2160 pixels.

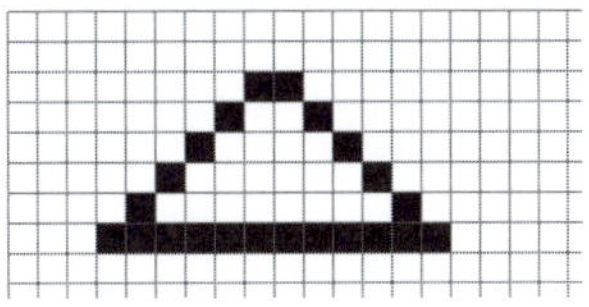

Lorsque la tortue dessine quelque chose, elle colorie en fait des pixels avec une certaine couleur. Lorsqu'on programme la tortue, on lui indique en réalité les pixels qu'elle doit colorier. La tortue va cependant être obligée de dessiner certaines lignes et les cercles en escaliers, car elle est forcée de faire une approximation de la figure à dessiner. Ce procédé n'est pas propre à la tortue : les images numériques comportent toujours un certain degré d'approximation, car même les plus petits pixels sont carrés.

6 Sofia propose le programme suivant pour dessiner un rectangle de taille 100 × 200. Ce programme va-t-il fonctionner correctement ? Justifiez votre réponse et exécutez-le.

```
from gturtle import *
makeTurtle()
forward(100)
left(90)
forward(200)
right(270)
forward(100)
left(90)
forward(200)
```

Exemple 4

A

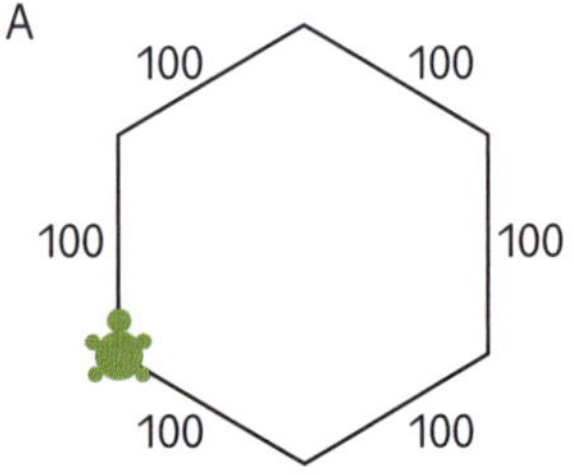

B

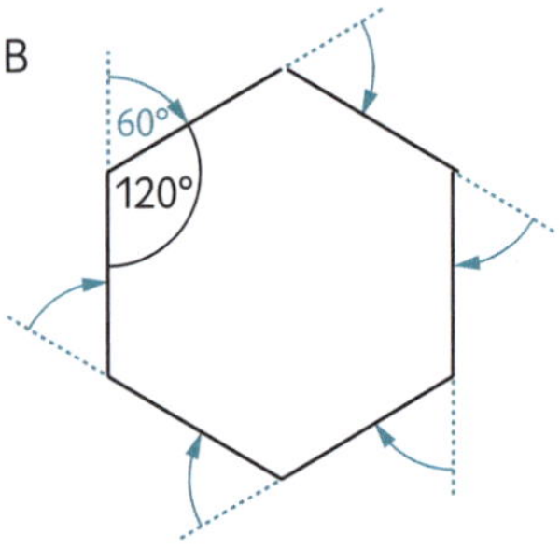

On veut dessiner un hexagone régulier comme dans le croquis A.

Avant de commencer à programmer, on doit décider de l'endroit de la figure géométrique où commencer le dessin. On met cette position en évidence dans la figure. Dans le schéma A, ce point est représenté par la tortue.

Ensuite, il faut réfléchir de combien de degrés la tortue doit tourner après le dessin de chacun des côtés (voir schéma B). Pour dessiner un hexagone régulier, il faut que tous les angles soient égaux. Le plus simple est de réaliser que la tortue tourne exactement six fois du même angle. Comme elle regarde dans la même direction à la fin et au début, elle fait un tour complet, à savoir 360°. Pour cette raison, elle tourne à chaque sommet de $\frac{360°}{6} = 60°$. Remarquez que l'angle de rotation de 60° à chaque sommet est supplémentaire de l'angle interne de l'hexagone régulier (120°), car leur somme donne un angle plat (180°).

Maintenant que l'on sait exactement comment procéder, on peut écrire le programme comme suit. Écrivez le programme dans l'éditeur et exécutez-le.
Observez le chemin emprunté par la tortue.

```
from gturtle import *
makeTurtle()
forward(100)
right(60)
forward(100)
right(60)
forward(100)
right(60)
forward(100)
right(60)
forward(100)
right(60)
forward(100)
right(60)
```

7 Écrivez un programme qui dessine un pentagone régulier de côté 120.

Travailler avec des couleurs

La tortue peut dessiner avec différentes couleurs. Il suffit de lui indiquer la couleur qu'elle doit utiliser pour dessiner. La tortue connaît plus de 100 couleurs différentes qu'il faut lui indiquer en anglais.

Nouveaux concepts et éléments de langage Python

- `setPenColor("`**couleur**`")`
  Changer la couleur du stylo. Par exemple, la tortue va continuer de dessiner en vert après la commande `setPenColor("green")`. Le tableau ci-dessous montre quelques couleurs possibles. N'oubliez pas les guillemets !

yellow	red	navy	green	white
gold	magenta	blue	dark green	gray
orange	purple	cyan	sienna	black

- `setPenWidth(`**épaisseur du trait**`)`
  Spécifier l'épaisseur du trait en pixels. Par exemple, la tortue va continuer à dessiner avec une épaisseur de 3 pixels après `setPenWidth(3)`.

Exemple 5

Le programme ci-dessous dessine un triangle équilatéral dont chaque côté est d'une autre couleur. Écrivez le programme et exécutez-le. Pour terminer, amusez-vous à changer les couleurs utilisées.

```
from gturtle import *
makeTurtle()
setPenWidth(5)
setPenColor("yellow")
forward(100)
left(120)
setPenColor("red")
forward(100)
left(120)
setPenColor("blue")
forward(100)
left(120)
```

8 Écrivez un programme qui dessine un pentagone régulier rouge de côté 200. Réglez l'épaisseur du trait à 6 pixels.

9 Écrivez un programme qui dessine un octogone vert de côté 100. Choisissez vous-même l'épaisseur du trait.

Ce que vous avez appris

Un programme est une suite d'instructions. Pour dessiner, il faut tout d'abord charger la tortue et ouvrir une fenêtre. Ensuite, on peut contrôler la tortue avec les commandes `forward`, `back`, `left` et `right`. On peut changer la couleur du stylo avec `setPenColor` et l'épaisseur du trait avec `setPenWidth`.

Des programmes qui travaillent avec du texte

Les programmes ne se limitent pas à dessiner. Ils peuvent aussi traiter du texte, à savoir lire ou écrire du texte et l'afficher sur l'écran. Comme ces programmes n'utilisent pas la tortue pour dessiner, les deux instructions `import` et `makeTurtle()` sont superflues. En informatique, les textes sont appelés **chaînes de caractères**.

Exemple 6

Le programme suivant écrit le texte *Que fais-tu ? Je programme.* **dans la fenêtre de sortie. Recopiez le programme et exécutez-le. Que se passe-t-il si vous supprimez la virgule après le premier** `print` **?**

```
print "Que fais-tu?",
print "Je programme."
```

Copiez maintenant le programme suivant et exécutez-le. Quel est le contenu de la fenêtre de sortie ? Observez l'effet de la séquence `\n`**.**

```
print "Que fais-tu?\nJe programme."
```

Nouveaux concepts et éléments de langage Python

- `print` **"chaîne de caractères"**
  La commande `print "Hello163"` a pour effet d'écrire le texte *Hello163* dans la fenêtre de sortie et de revenir à la ligne. Le texte à afficher doit être indiqué entre doubles guillemets droits (" ").
  Chaque instruction `print` écrit le texte sur une nouvelle ligne. En revanche, si l'on termine l'instruction par une virgule, il n'y a pas de saut de ligne après le texte affiché.
- `"\n"`
  Dans les textes (et uniquement à cet endroit), la séquence de caractères `\n` représente un retour à la ligne.

Répéter du texte

Comme la programmation peut être vraiment très passionnante, on veut l'écrire deux fois de suite et le souligner avec une double ligne.

```
print "Je programme! Je programme!"
print "==========================="
```

Les ordinateurs sont très forts pour nous épargner du travail inutile et pour répéter une opération. On peut donc demander à l'ordinateur de répéter un texte :

```
print "Je programme! " * 2
print "=" * 27
```

Avec `*`, on peut répéter un texte et avec `+`, on peut concaténer (appondre) des textes :

```
print "Je programme! " * 2 + "\n" + "=" * 27
```

Exemple 7

L'ordinateur doit dessiner un gros symbole V composé de lettres X. Voici comment on pourrait procéder:

```
print "X     X"
print " X   X "
print "  X X  "
print "   X   "
```

Il faut faire attention à bien mettre les espaces avant et entre les X.
Pour l'ordinateur, les espaces sont considérées comme des caractères, tout comme le X. Dans la police de caractères utilisée, tous les caractères ont exactement la même largeur.
Il est aussi possible de remplacer les nombreuses espaces dans cet exemple. Au lieu de représenter trois espaces consécutives avec `"   "`, on peut utiliser `" "*3`:

```
print "X"  + " "*5 + "X"
print " X" + " "*3 + "X"
print "  X"+ " "*1 + "X"
print "   X   "
```

Plus le texte devient important, plus il est intéressant d'utiliser la répétition avec `*`.

Exemple 8

Dans cet exemple, l'ordinateur dessine dans la fenêtre de sortie un sapin de Noël composé de lettres X. Pour que le sapin soit bien centré, on a inséré des caractères d'espacement avant les X. Recopiez le programme dans l'éditeur et exécutez-le.

```
   X
  XXX
 XXXXX
XXXXXXX
   X
   X
```

```
print " " * 3 + "X"
print " " * 2 + "X" * 3
print " " + "X" * 5
print "X" * 7
print "   X\n" * 2
```

10 Réfléchissez à l'aide d'un croquis comment vous pourriez dessiner une petite maison à l'aide de lettres X et d'espaces. Écrivez ensuite un programme réalisant votre croquis avec l'instruction `print`. Utilisez la technique de la répétition et de la concaténation pour vous faciliter la tâche.

```
Pomme Pomme Pomme Pomme Pomme
Pomme Pomme Pomme Pomme Pomme
Pomme Pomme Pomme Pomme Pomme
Pomme Ver   Pomme Pomme Pomme
Pomme Pomme Pomme Pomme Pomme
```

11 Écrivez un programme qui affiche le texte ci-contre avec le ver dans la pomme. On appelle de tels textes de la « Poésie concrète ».

Ce que vous avez appris

Vous êtes capable d'écrire du texte dans la fenêtre de sortie avec la commande `print`. Le texte à afficher doit être mis entre guillemets doubles. On peut répéter du texte avec `*` et joindre bout à bout plusieurs textes avec `+`. La séquence de caractères `\n`, placée dans un texte, représente un saut de ligne.

Des programmes qui calculent

Un ordinateur calcule particulièrement vite. En allemand, on utilise un mot signifiant «calculateur» pour les désigner. Il est donc tout à fait possible d'utiliser l'ordinateur comme une calculatrice. La description du calcul à effectuer se nomme **expression arithmétique** dans le vocabulaire de la programmation.

Exemple 9

On veut faire calculer à l'ordinateur l'expression arithmétique (163 · 3) – (77 · 4) et afficher le résultat. On utilise pour ce faire le programme suivant :

```
print "(163 * 3) - (77 * 4) vaut exactement",
print (163 * 3) - (77 * 4)
```

Recopiez ce court programme et notez bien la différence entre les deux instructions : lorsque l'expression arithmétique est placée entre guillemets, elle est considérée comme une simple suite de caractères et l'ordinateur l'affiche telle quelle, caractère après caractère. Les expressions arithmétiques dépourvues de guillemets, comme dans la deuxième instruction `print`, sont toujours évaluées immédiatement. Le résultat du calcul est alors affiché dans la fenêtre de sortie.

12 Écrivez les deux instructions suivantes dans Python et expliquez la différence entre les deux.

```
print "3" * 4
print 3 * 4
```

13 L'expression arithmétique 4 · 4 · 4 · 4 + 1 donne un nombre premier. Demandez à Python de calculer ce nombre et de l'écrire dans la fenêtre de sortie.

Intégrer des calculs dans les programmes

Il est à la fois possible d'afficher le résultat des calculs à l'écran et de les incorporer dans les programmes avec la tortue.

Exemple 10

Vous souvenez-vous encore comment nous avions dessiné un hexagone régulier dans l'exemple 4 ? La tortue effectue une rotation de 360° en 6 étapes puisque l'on veut dessiner un hexagone. Elle pivote donc de $\frac{360°}{6}$ à la fin de chaque étape. Il ne faut pas s'embêter à calculer cette valeur soi-même mais plutôt en laisser le soin au programme. En Python, on utilise une barre oblique pour désigner la division :

```
from gturtle import *
makeTurtle()
forward(100)
right(360 / 6)
forward(100)
right(360 / 6)
forward(100)
right(360 / 6)
forward(100)
right(360 / 6)
forward(100)
right(360 / 6)
forward(100)
right(360 / 6)
```

14 Écrivez un programme qui dessine un heptagone régulier. Vous pouvez choisir librement la longueur du côté.

15 Écrivez un programme qui dessine un rectangle dont l'aire vaut 720 et dont un des côtés mesure 48. Déléguez à l'ordinateur le soin de calculer la longueur du deuxième côté.

Exemple 11

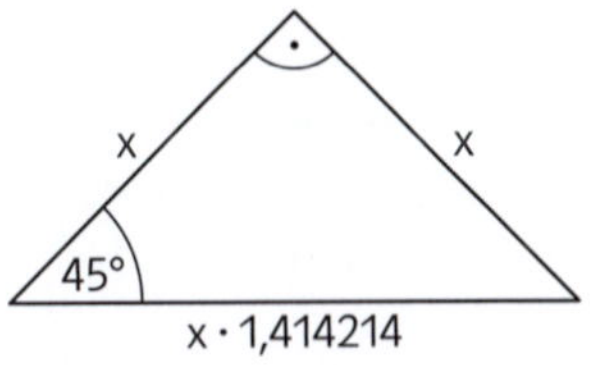

On souhaite dessiner un triangle isocèle rectangle comme dans le schéma de la marge. Le triangle possède donc un angle droit et deux angles de 45°. Les deux petits côtés (cathètes) ont une longueur quelconque x. Quelle longueur doit avoir le plus grand côté (hypoténuse) ?
Si vous connaissez déjà le théorème de Pythagore $a^2 + b^2 = c^2$, vous êtes en mesure de calculer cette longueur vous-même. Ce théorème permet de déduire que y obéit à la relation $y = x \cdot \sqrt{2} = x \cdot 1{,}414214$.
Au lieu de calculer cette valeur manuellement, il est préférable de déléguer ce calcul à Python. Attention à utiliser un point comme séparateur décimal et non une virgule. En effet, Python n'utilise pas la virgule comme séparateur décimal.

```
from gturtle import *
makeTurtle()
right(45)
forward(60)
right(90)
forward(60)
right(135)
forward(60 * 1.414214)
```

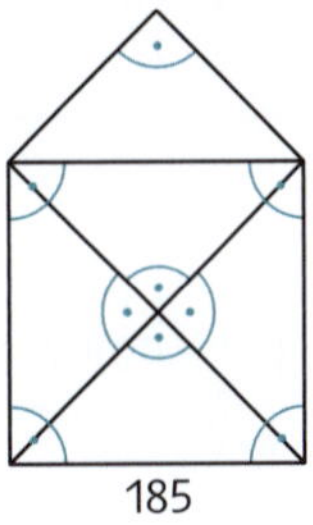

16 Écrivez un programme qui dessine une maison comme dans le schéma. Elle est formée de plusieurs triangles isocèles rectangles comme dans l'exemple 11. Vous pouvez donc réfléchir de combien il faut rallonger ou raccourcir les segments droits. La longueur des côtés du carré de base est de 185.
Astuce : si vous ne connaissez pas le théorème de Pythagore, vous pouvez vous contenter de la règle suivante :
Dans n'importe quel triangle isocèle rectangle : hypoténuse = cathète · 1,414214.

17 Écrivez un programme qui dessine d'abord un triangle équilatéral de côté 144 avec la tortue. Utilisez ensuite la tortue pour dessiner la hauteur de ce triangle. Combien doit mesurer la hauteur du triangle ?

Ce que vous avez appris

En lieu et place de valeurs numériques, il est également possible d'incorporer dans les programmes des calculs entiers ou des formules (expressions arithmétiques). Python effectue toujours d'abord tous les calculs et continue l'évaluation du programme avec le résultat du calcul. Une expression entre guillemets est considérée par Python comme du simple texte qui est affiché au caractère près avec l'instruction `print`.

Résumé

Un **langage de programmation** permet de communiquer avec l'ordinateur pour le contrôler. Les différents mots d'un langage de programmation sont appelés **commandes** ou **instructions**. Un **programme** est une suite d'instructions exprimées dans un certain langage de programmation et sert à automatiser une tâche dont on veut confier l'exécution à l'ordinateur. Tout programme est exprimé dans un langage de programmation bien précis. Avec le langage de programmation Python, vous savez pour le moment écrire du texte, faire des calculs et dessiner. Pour dessiner, vous pouvez utiliser une petite tortue qui laisse derrière elle une trace lorsqu'elle se déplace dans la fenêtre.

`from gturtle import *`	Charger les commandes pour la tortue. Cette ligne est nécessaire pour que l'ordinateur comprenne les commandes pour la tortue.
`makeTurtle()`	Ouvrir la fenêtre de dessin avec la tortue.
`forward(`**nombre de pas**`)`	Avancer du nombre de pas indiqué.
`back(`**nombre de pas**`)`	Reculer du nombre de pas indiqué.
`left(`**angle**`)`	Tourner sur place à gauche de **angle** degrés.
`right(`**angle**`)`	Tourner sur place à droite de **angle** degrés.
`setPenColor(`**"couleur"**`)`	Changer la couleur du stylo, indiquée en anglais et entre guillemets.
`setPenWidth(`**épaisseur du stylo**`)`	Changer l'épaisseur du stylo, indiquée en pixels.
`print` **"texte"** `print` **expression arithmétique**	Imprimer le texte entre guillemets ou le résultat de l'évaluation de l'expression arithmétique dans la fenêtre de sortie.

Dans ce chapitre, vous avez appris les commandes suivantes :
Ces commandes permettent de dessiner, d'écrire du texte ou de calculer comme avec une calculatrice. Les calculs ou formules sont appelés **expressions arithmétiques**.

Auto-évaluation

Concepts et éléments de langage Python

Essayez de répondre aux questions suivantes. Si vous avez des doutes, n'hésitez pas à relire certains passages du chapitre.

1. Quel est le lien entre les ordinateurs et l'automatisation ?
2. Un langage de programmation est-il une langue ? Quel est son but ?
3. Comment appelle-t-on les briques de base formant un langage de programmation ?
4. Qu'est-ce qu'un programme ? Quel est le lien entre un programme et un langage de programmation ?
5. Quelles sont les commandes du langage de programmation Python que vous avez apprises ? Quelle est leur signification exacte ?
6. Qu'est-ce qui change si l'on met une expression telle que `3 + 4` entre guillemets dans une instruction `print`, à savoir `"3 + 4"` ?
7. Pourquoi, lors de l'évaluation de l'instruction `print 1 + 2 * 3`, l'ordinateur donne-t-il le résultat 7 et non pas toute l'expression arithmétique ?
8. Quel est l'effet de l'instruction suivante ?
   ```
   print "forward(100)\nright(90)\n" * 4
   ```

Exercices

1 Écrivez un programme qui va dessiner un bateau à voile avec la tortue, comme dans le croquis ci-dessous. Utilisez les mesures indiquées dans le croquis.

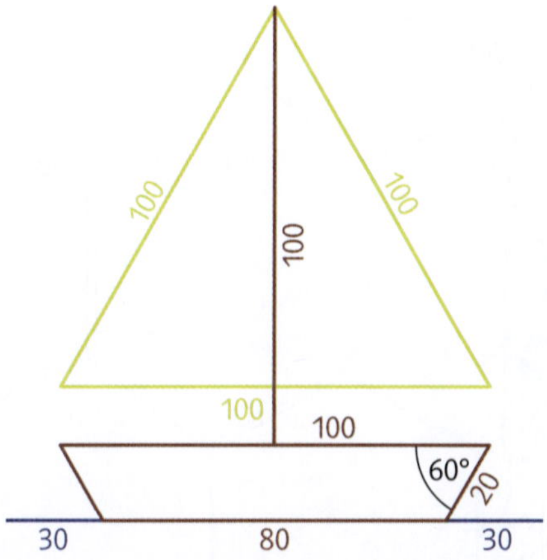

2 Le croquis ci-dessous représente un petit carré tourné de 45° inscrit dans un grand carré. Les côtés du grand carré sont 1,414214 fois plus grands que ceux du petit carré. Écrivez un programme qui dessine cette figure avec les deux carrés. La longueur des côtés du grand carré doit valoir 218.

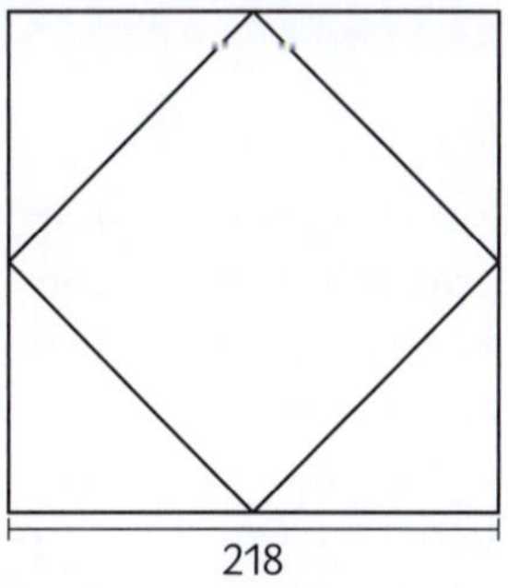

3 Le programme suivant affiche trois choses différentes. Notez pour chaque ligne la sortie à laquelle vous vous attendez avant de vérifier votre hypothèse avec l'ordinateur.

```
print "2 * 3"
print "2" * 3
print 2 * 3
```

4 Réfléchissez et notez ce que fait ce programme. Vérifiez ensuite avec l'ordinateur.

```
print "from gturtle import *"
print "makeTurtle()"
print "forward(100)\nright(90)\n" * 4
```

2 Programmation modulaire

Avez-vous déjà joué aux LEGO ? On commence par construire de petits éléments à partir de briques séparées. Ensuite, on assemble ces éléments pour construire quelque chose de plus gros et complexe, comme un véhicule ou un bâtiment. On peut ensuite assembler les bâtiments pour construire une rue entière ou toute une ville.

En programmation, on procède de la même manière : on commence par écrire des petits bouts de programme réalisant des tâches assez simples. On appelle de tels bouts de programme modules ou **composants**. Lorsqu'on assemble des composants intelligemment, on obtient un programme capable de résoudre des tâches très complexes. Cette manière de développer des programmes est appelée **conception modulaire** ou **programmation modulaire**.

Dans les langues naturelles, on introduit sans cesse du nouveau vocabulaire pour pouvoir s'exprimer avec plus de simplicité et de précision. On peut aussi introduire de nouveaux mots dans les langages de programmation – à savoir des commandes – pour pouvoir décrire une tâche de manière plus simple et précise. Avec la conception modulaire, on peut étendre le langage de programmation à sa guise pour écrire des programmes plus courts et plus facilement compréhensibles.

Votre objectif dans ce chapitre est d'apprendre à écrire des programmes structurés grâce à la conception modulaire. En plus, vous allez voir comment utiliser cette technique pour programmer plus simplement des animations.

Définir et utiliser de nouvelles commandes

Jusqu'à présent, l'ordinateur ne peut faire qu'un seul type de dessin à partir d'une seule commande : un segment droit. On pourrait cependant enseigner à la tortue à dessiner des figures plus complexes telles qu'un carré. Pour ce faire, on doit utiliser le mot-clé `def`, l'abréviation de « définir ».

Exemple 1

On veut apprendre à la tortue à dessiner un carré de longueur 100. Comme tous les programmes tortue, il faut charger les commandes de la tortue dans la première ligne. Ensuite, on définit avec le mot-clé `def` le nouveau mot `carre100()`. La paire de parenthèses est importante : en Python, elle est nécessaire après les commandes et il ne faut pas l'oublier. Observez le programme ci-dessous et notez que les commandes liées au dessin du carré sont décalées (indentées) par rapport au reste. Lors de la définition des commandes, il faut que toutes les instructions qui en font partie soient indentées de manière uniforme. Cette partie indentée est appelée « corps de la commande ». Lors de la définition de la commande, l'ordinateur ne dessine encore rien du tout. Il apprend simplement la signification du mot `carre100()`. Tout à la fin, on ouvre la fenêtre de dessin et on dit à la tortue qu'elle doit dessiner un carré. Comme on a défini `carre100()` plus haut, on peut utiliser cette nouvelle commande à volonté en l'écrivant avec les parenthèses et la tortue sait ce qu'elle est censée faire.

```
from gturtle import *

def carre100():
    forward(100)
    right(90)
    forward(100)
    right(90)
    forward(100)
    right(90)
    forward(100)
    right(90)

makeTurtle()
carre100()
left(45)
carre100()
```

Définition de la nouvelle commande `carre100()`.

Description de la nouvelle commande avec un corps indenté. L'ordinateur apprend ce que ce nouveau mot signifie mais il ne dessine encore rien.

Là on utilise la commande `carre100()`. Ce n'est que maintenant que l'ordinateur dessine.

Recopiez le programme dans Python et exécutez-le. Faites bien attention à ce que l'indentation soit la même partout et à ne pas oublier le double point après le nom de la commande – celui-ci est absolument indispensable.

1 Écrivez un programme définissant la commande `triangle50()` qui doit dessiner un triangle équilatéral de côté 50. Veillez à ce que la commande soit bien utilisée après l'instruction `makeTurtle()`, sinon la tortue ne va rien faire du tout.

Nouveaux concepts et éléments de langage Python

- **`def` nom_instruction ( ) :**
  Le mot-clé `def` permet d'enseigner à l'ordinateur une nouvelle commande. Il faut mettre une paire de parenthèses après le nom de la commande, puis un double point. Ensuite, on insère la description de la nouvelle commande de manière indentée. Cette description est appelée **corps de la commande**. Le nom de la commande doit respecter certaines conditions : il ne doit contenir ni espace ni caractère accentué. Pour former le nom d'une commande à partir de plusieurs mots, on peut utiliser le caractère de soulignement _. On peut insérer des chiffres dans le nom mais pas au début. Exemple : `nom_avec_3_mots`.
  Important : si l'on ne fait que définir une commande, la tortue ne dessinera rien ! Elle apprend certes la signification d'un nouveau mot mais cela ne se voit pas à l'écran. La tortue ne va dessiner que si l'on utilise vraiment la commande.

Exemple 2

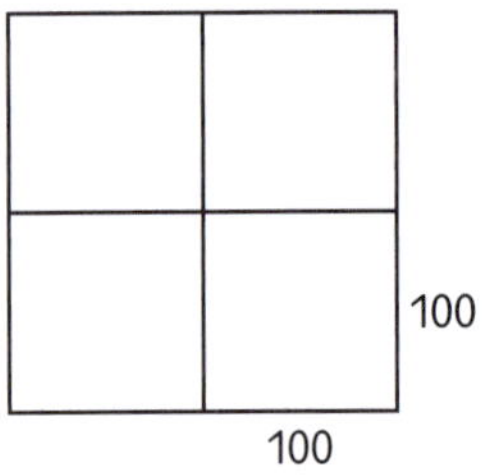

Il est très facile de dessiner la fenêtre représentée à gauche : il suffit de trois lignes horizontales de longueur 200 et de trois lignes perpendiculaires de longueur 200. Mais il est encore plus simple d'utiliser une commande : on assemble quatre carrés pour réaliser la figure. Pour ce faire, on utilise à nouveau la commande `carre100()` de l'exemple 1 définissant un carré de longueur 100. Au début, la tortue se trouve au milieu de la fenêtre et dessine le carré en haut à droite. Ensuite, elle tourne de 90° vers la droite et dessine le carré en bas à droite, etc.

```
from gturtle import *

def carre100():
    forward(100)
    right(90)
    forward(100)
    right(90)
    forward(100)
    right(90)
    forward(100)
    right(90)

makeTurtle()
carre100()
right(90)
carre100()
right(90)
carre100()
right(90)
carre100()
```

Recopiez le programme dans Python et exécutez-le. Observez le chemin emprunté par la tortue.

Programme et sous-programme

Dans la nouvelle commande `carre100()` se trouve le corps de la commande qui est en fait une sorte de programme exécuté lorsque la commande est appelée. Lorsque la commande `carre100()` est utilisée dans un autre programme plus grand, on dit que son corps ou la commande elle-même est un **sous-programme** du plus gros programme. Le programme lui-même est dans ce cas appelé **programme principal**.

Programme principal

Sous-programme

```
from gturtle import *

def carre100():
    forward(100)
    right(90)
    forward(100)
    right(90)
    forward(100)
    right(90)
    forward(100)
    right(90)

makeTurtle()
carre100()
right(90)
carre100()
right(90)
carre100()
right(90)
carre100()
```

Sauvegarder des commandes à long terme

Si vous souhaitez réutiliser une nouvelle commande plus tard, il faut dire à l'ordinateur de la sauvegarder pour l'apprendre à long terme. Pour ce faire, il suffit de mettre en surbrillance la définition de la commande dans le programme et aller dans le menu « Exécuter » puis choisir l'entrée « Retenir la fonction ». Il n'est dès lors plus nécessaire de définir la commande `carre100()` dans chaque programme pour l'utiliser.

2 Étudiez le programme suivant et essayez de déduire ce qu'il dessine. Faites d'abord une esquisse sur une feuille en suivant les instructions les unes après les autres comme si vous étiez la tortue. Vérifiez ensuite votre solution en exécutant le programme dans Python. Notez que l'ordinateur connaît déjà la commande `carre100()` si vous l'avez enregistrée au préalable.

```
from gturtle import *
makeTurtle()
carre100()
right(45)
carre100()
right(45)
carre100()
right(45)
carre100()
right(45)
carre100()
right(45)
carre100()
right(45)
carre100()
right(45)
carre100()
```

3 **A** Définissez une commande `triangle100()` pour dessiner un triangle équilatéral de côté 100 comme dans l'illustration A.
B Utilisez `triangle100()` pour dessiner une forme comme dans l'illustration B.

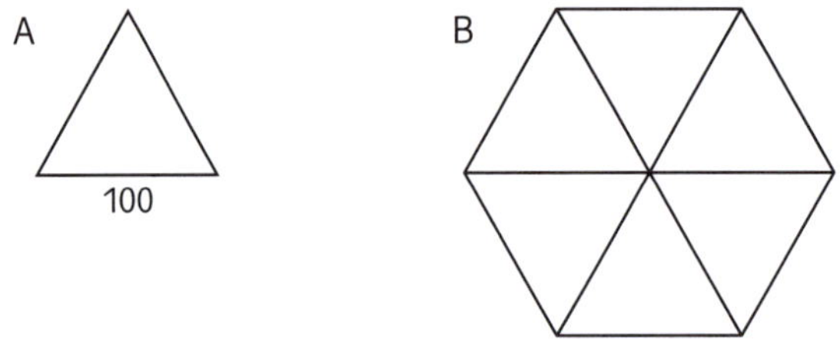

4 Dessinez d'abord sur une feuille de papier ce que fait le programme ci-dessous étant donné que l'ordinateur connaît déjà la commande `carre100()`.
Vérifiez ensuite votre solution en exécutant le programme sur l'ordinateur.

```
from gturtle import *

makeTurtle()
carre100()
forward(50)
carre100()
forward(50)
carre100()
```

Utiliser plusieurs nouvelles commandes

Votre programme peut contenir autant de nouvelles commandes que vous le souhaitez. Faites cependant toujours attention à bien indenter le corps des nouvelles commandes.

Exemple 3

Le programme suivant contient les deux commandes `carre50()` et `carre100()` pour dessiner un petit et un gros carré. À quoi l'image finale ressemble-t-elle ? Faites une esquisse sur une feuille de papier et vérifiez ensuite votre solution en exécutant le programme sur l'ordinateur.

```
from gturtle import *

def carre50():
    forward(50)
    right(90)
    forward(50)
    right(90)
    forward(50)
    right(90)
    forward(50)
    right(90)

makeTurtle()
carre100()
forward(25)
carre50()
```

5 Utilisez les commandes `carre100()` et `triangle100()` introduites précédemment pour dessiner une figure semblable à celle représentée ci-dessous.

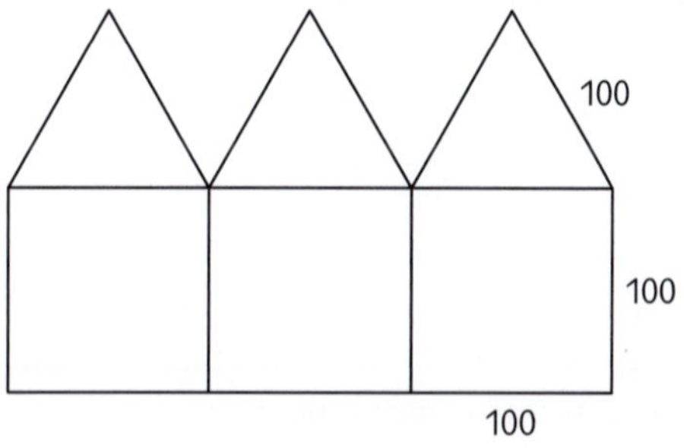

6 **A** Définissez une commande `carre_ouvert()` qui dessine un carré ouvert comme dans l'illustration A.
B Écrivez un programme qui utilise cette nouvelle commande `carre_ouvert()` pour dessiner une croix comme dans l'illustration B.

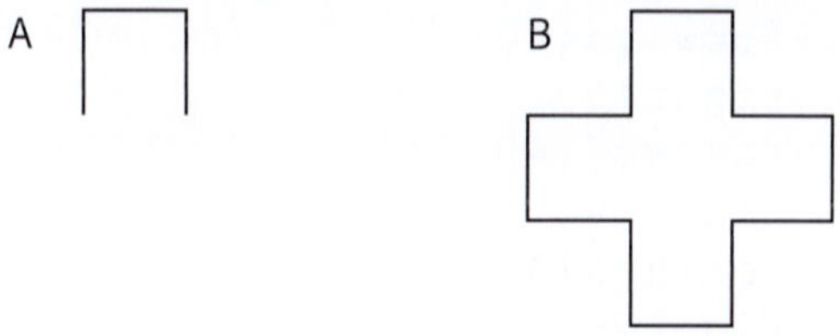

Ce que vous avez appris

Vous êtes capable de définir vous-même de nouvelles commandes en Python. Vous en indiquez le nom suivi de parenthèses entre le mot-clé def et le deux-points. Les instructions que l'ordinateur est censé exécuter pour cette commande doivent être indentées. Une telle commande peut par exemple expliquer à la tortue comment elle doit dessiner un carré. La partie indentée de la définition d'une commande contenant les instructions à exécuter se nomme le corps de la commande.
Plus une figure est utilisée fréquemment, plus il vaut la peine de définir une commande dédiée. Mais surtout, vos programmes seront bien plus clairs et compréhensibles.
La technique consistant à développer un programme à partir de plus petites briques pratiques (composants) s'appelle conception modulaire. Chaque composant est programmé de manière compréhensible et porte un nom qui décrit précisément ce qu'il fait. Le programme devient ainsi lui aussi très compréhensible et peut être plus facilement adapté ou corrigé.

Des commandes dans d'autres commandes

Une fois de nouvelles commandes définies, il est également possible de les utiliser pour en définir d'autres. Dans le corps d'une nouvelle commande, on peut sans problème réutiliser une commande définie au préalable. Cela permet de développer des composants de plus en plus complexes.

Exemple 4

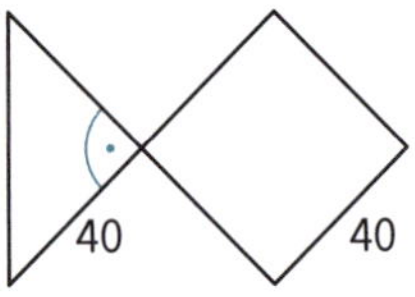

On veut dessiner un simple poisson (voir illustration) constitué d'un carré de côté 40 et d'un triangle rectangle de côté 40. On définit d'abord une commande `carre40()` pour dessiner le carré et une commande `triangle_rect40()` pour dessiner le triangle rectangle. La commande `poisson()` dessine ensuite le petit poisson en utilisant les deux autres commandes. Prenez le temps d'étudier le programme pour être en mesure de prévoir comment la tortue va se déplacer.

```
from gturtle import *

def carre40():
    forward(40)
    right(90)
    forward(40)
    right(90)
    forward(40)
    right(90)
    forward(40)
    right(90)

def triangle_rect40():
    forward(40)
    right(135)
    forward(40 * 1.414214)
    right(135)
    forward(40)
    right(90)

def poisson():
    left(135)
    triangle_rect40()
    right(180)
    carre40()
    left(45)

makeTurtle()
poisson()
```

Exemple 5

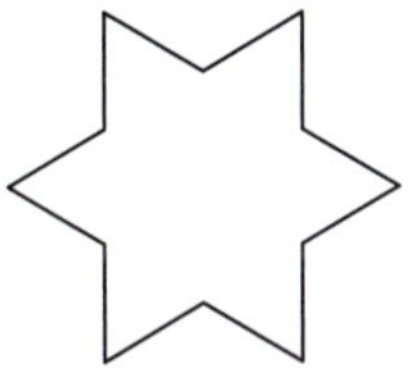

On veut dessiner l'étoile à six branches de l'illustration. On définit tout d'abord une commande `branche()` qui dessine une seule branche. On pourrait l'utiliser six fois de suite pour dessiner l'étoile. Au lieu de cela, on définit `double_branche()` qui dessine deux branches et on utilise cette commande-là pour dessiner l'étoile. Notez la manière dont on utilise des commandes élémentaires pour construire des commandes toujours plus complexes. Recopiez le programme et exécutez-le.

```
from gturtle import *

def branche():
    forward(100)
    left(120)
    forward(100)
    right(60)

def double_branche():
    branche()
    branche()

def etoile():
    double_branche()
    double_branche()
    double_branche()

makeTurtle()
etoile()
```

Conception et développement du programme

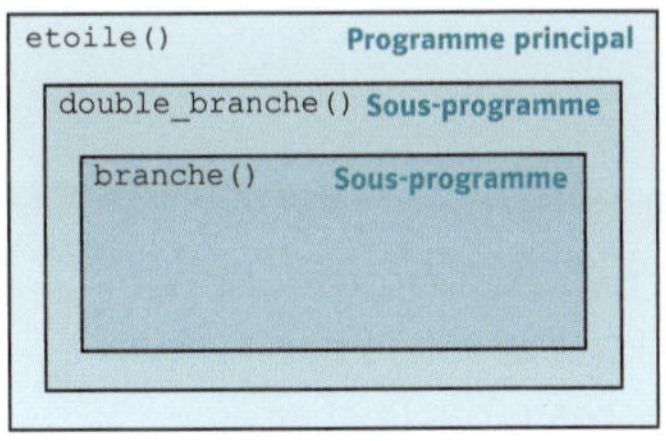

Pour développer un programme complexe, il faut réfléchir au préalable à la manière de procéder pour atteindre l'objectif. Pour ce faire, il faut décomposer la tâche (par exemple dessiner une étoile) en plus petites sous-tâches (dessiner une branche, dessiner une double branche, dessiner l'étoile). Cela permet de construire le plan du programme. On appelle cette étape **conception modulaire d'un programme**.
Pour résoudre les sous-tâches, on utilise des sous-programmes qui permettront de former le programme principal. En l'occurrence, la commande `branche()` est un sous-programme de `double_branche()` et `double_branche()` est un sous-programme de la commande `etoile()`. Ainsi, on considère aussi la commande `branche()` comme un sous-programme de `etoile()`. Le **développement d'un programme** commence par cette phase de conception modulaire. Le processus se poursuit par l'écriture du programme et de ses composants et peut, au besoin, comprendre encore une phase de correction (débogage) et d'amélioration.

Exemple 6

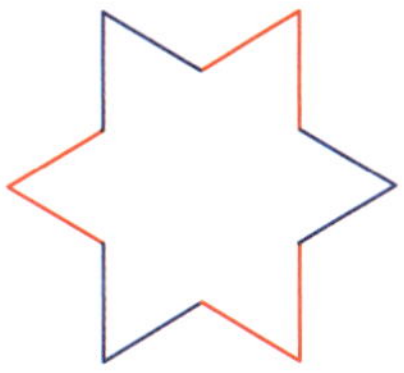

On modifie la commande `double_branche()` du programme de l'exemple 5 en dessinant la première branche en bleu et la deuxième en rouge. Ainsi, l'étoile sera dessinée en bleu et rouge. Cela montre un avantage majeur de la conception modulaire : il suffit de modifier le programme en quelques endroits facilement identifiables.

```
def double_branche():
    setPenColor("blue")
    branche()
    setPenColor("red")
    branche()
```

Nouveaux concepts et éléments de langage Python

- Pour dessiner des figures complexes comportant de nombreuses répétitions, il vaut la peine de définir des commandes qui dessinent une partie toujours plus importante de la figure. Exemple : les branches d'une étoile.

7 Commencez par définir une commande `carre50()` qui dessine un carré de côté 50. Définissez ensuite une deuxième commande `fenetre()` qui dessine une fenêtre formée de quatre carrés comme dans l'exemple 2. Définissez `fenetre()` de telle sorte que la tortue commence le dessin en bas à gauche et le termine au même endroit.

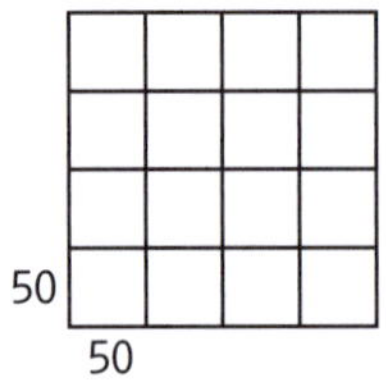

8 Utilisez la commande `fenetre()` du dernier exercice pour développer le plus court programme possible dessinant la grille 4 × 4 représentée dans la marge.

9 **A** Commencez par définir une commande `carre20()` et utilisez-la pour définir une commande `deux_carres()` dessinant la forme représentée en A de sorte que la tortue commence tout en bas à gauche et termine en bas à droite, comme le montre l'illustration A.

B Utilisez ensuite la commande `deux_carres()` pour dessiner les quatre carrés juxtaposés de l'illustration B. Définissez cette figure comme `quatre_carres()`. Développez ensuite de courts programmes pour dessiner huit carrés, respectivement 16 carrés de taille 20 × 20.

A

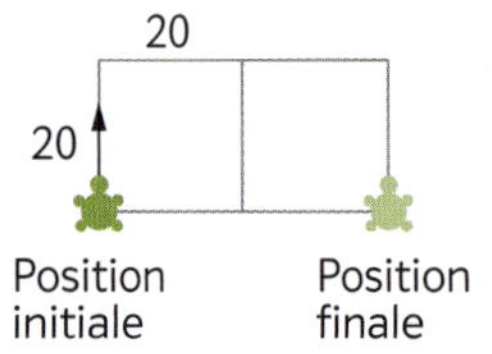

B

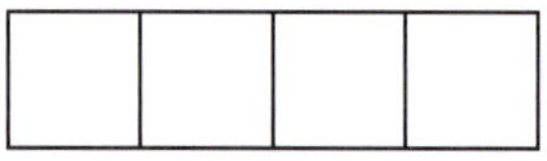

10 Supposons que vous disposiez déjà des commandes `carre20()`, `deux_carres()`, `quatre_carres()` et `huit_carres()`. Comment pourriez-vous procéder pour écrire le programme le plus court possible dessinant 13 carrés juxtaposés ? Et comment faire pour dessiner 17 carrés juxtaposés ? Décrivez avec vos propres mots la stratégie à utiliser.

Ce que vous avez appris

La conception modulaire est considérée comme l'une des principales techniques en programmation. Elle consiste à définir des commandes qui effectuent des tâches simples, par exemple dessiner une seule branche d'une étoile, et à combiner ensuite ces briques de base pour définir de nouvelles commandes qui réalisent une tâche plus complexe.

Programmer des animations

On peut aussi utiliser la conception modulaire pour programmer des animations de la manière dont on réalisait jadis les premiers dessins animés. On dessine une image que l'on efface un court instant plus tard pour la remplacer par une autre image qui ne diffère que très peu ou a subi un léger déplacement. En regardant une telle suite d'images défilant très rapidement et ne différant que très peu, on a l'impression que les figures se mettent en mouvement !

Exemple 7

Pour dessiner des animations, il faut dessiner des images et les supprimer très vite. Mais comment supprimer une figure ? Il suffit de repasser par-dessus en blanc ! Dans cet exemple, on demande à la tortue de dessiner un triangle rouge et de le redessiner ensuite en blanc.
Il serait assez perturbant de voir la tortue se déplacer pendant l'animation. On va donc la cacher dans cet exemple avec la commande `hideTurtle()`. Lorsque la tortue est cachée, le dessin apparaît instantanément. Avant de supprimer le triangle, il faut attendre brièvement, par exemple une seconde, avec la commande `delay()`. Sinon, le triangle disparaît tellement vite que l'on ne peut même pas le voir.
Recopiez le programme dans Python et observez la manière dont il est exécuté.

```
from gturtle import *

def triangle100():
    forward(100)
    right(120)
    forward(100)
    right(120)
    forward(100)
    right(120)

def montre_triangle():
    setPenColor("red")
    triangle100()
    delay(1000)
    setPenColor("white")
    triangle100()

makeTurtle()
hideTurtle()
montre_triangle()
```

Python attend 1000 millisecondes, à savoir une seconde.

Juste après l'ouverture de la fenêtre, on cache la tortue.

11 Étendez l'exemple 7. Affichez le triangle et effacez-le rapidement. Faites ensuite tourner la tortue de 6° vers la droite et dessinez à nouveau le triangle avec la commande `montre_triangle()` pendant une seconde. Développez le programme de telle sorte que le triangle soit ainsi affiché et caché quatre fois de suite.

12 Quelle valeur faut-il fournir à la commande `delay()` pour que le triangle ne reste visible que pendant un cinquième de seconde ? Modifiez le programme de l'exercice 11 pour que le triangle soit effacé après un cinquième de seconde.

Nouveaux concepts et éléments de langage Python

- Pour effacer une figure, il suffit de redessiner par-dessus en blanc.
- `hideTurtle()`
  Lorsqu'on ajoute `hideTurtle()` après `makeTurtle()`, la tortue est cachée et les dessins sont réalisés très rapidement.
  Si l'on veut à nouveau afficher la tortue, on peut utiliser `showTurtle()`.
- `delay(`**temps en ms**`)`
  Pour avoir le temps de voir apparaître l'image avant qu'elle ne soit effacée, il faut demander à Python de faire une petite pause. La durée de la pause doit être indiquée en millisecondes.
  Par exemple, `delay(40)` demande à Python d'attendre $\frac{1}{25}$ de seconde avant de poursuivre l'exécution du programme. Cela correspond grosso modo à la durée d'affichage des images dans un film d'animation professionnel.

Exemple 8

On aimerait qu'un poisson se déplace horizontalement de gauche à droite.
Pour développer ce programme, on met en place la stratégie suivante :

1. **On définit une commande** `poisson()` **pour dessiner le poisson.**
2. **On définit une deuxième commande** `montre_poisson()` **qui affiche le poisson très brièvement et l'efface presque aussitôt.**
3. **À chaque étape, on appelle d'abord** `montre_poisson()` **pour effectivement afficher le poisson et l'effacer presque aussitôt.**
4. **On décale la tortue de 5 pas vers la droite en levant le stylo.**
5. **On répète les étapes 3 et 4 autant que nécessaire.**

Pour dessiner le poisson, on utilise le programme de l'exemple 4. Il est très important de dessiner le poisson de telle sorte que la position finale de la tortue soit identique à sa position initiale.
Étudiez le programme et essayez de suivre et de saisir les étapes 1 à 5.

```
from gturtle import *

def carre40():
    ...

def triangle40():
    forward(40)
    right(135)
    forward(40 * 1.414214)
    right(135)
    forward(40)
    right(90)

def poisson():
    left(135)
    triangle40()
    right(180)
    carre40()
    left(45)

```

Étape 1 : définir une commande qui dessine le poisson.

```
def montre_poisson():
    setPenColor("red")
    poisson()
    delay(200)
    setPenColor("white")
    poisson()

def un_pas():
    montre_poisson()
    setPenColor("white")
    right(90)
    forward(5)
    left(90)

makeTurtle()
hideTurtle()
un_pas()
un_pas()
un_pas()
un_pas()
un_pas()
```

Étape 2 : définir une commande qui affiche brièvement le poisson.

Étape 3 : effectivement montrer le poisson brièvement.

Étape 4 : décaler la tortue de 5 pas vers la droite.

Étape 5 : répéter les étapes 3 et 4 cinq fois de suite.

13 Étendez le programme de l'exemple 8 en définissant une commande `deux_pas()` qui appelle deux fois de suite la commande `un_pas()`.
Définissez également les commandes `quatre_pas()`, `huit_pas()` et dessinez le poisson 16 fois de suite.

14 Modifiez le programme de l'exemple 8 pour que le petit poisson se déplace de bas en haut. Faites-le aussi se déplacer en diagonale, d'en bas à gauche jusqu'en haut à droite.

15 Commencez par définir un hexagone de côté 100. Animez ensuite l'hexagone à l'écran de droite à gauche.

16 Utilisez le programme `montre_poisson()` pour dessiner un poisson six fois de suite au même endroit dans des couleurs différentes, sans que le poisson se déplace.

17 Pour que l'animation paraisse fluide, il faut dessiner le poisson 25 fois par seconde. Il faut pour cela passer une valeur 40 millisecondes à `delay()`. Étendez le programme de l'exemple 8 et définissez une commande `une_seconde()` qui affiche le poisson 25 fois d'affilée pendant une seconde.
Construisez votre animation de manière à faire nager le poisson sur toute la largeur de la fenêtre, depuis l'extrémité gauche jusqu'à l'extrémité droite.

Ce que vous avez appris

Vous avez appris à développer de nouvelles commandes à partir de briques de base et à les combiner pour réaliser des programmes plus complexes. Ce processus peut être répété à volonté. Cette stratégie permet également de programmer des animations en dessinant un objet, en le cachant peu après et en le redessinant avec un petit décalage.

Résumé

La **conception modulaire** est la stratégie la plus essentielle pour construire des systèmes complexes. Elle nous permet de développer un programme de manière systématique, pour qu'il soit clair et compréhensible pour d'autres personnes. La conception modulaire nous offre aussi la possibilité de tester facilement le bon fonctionnement du programme. De plus, elle permet de trouver et de corriger les erreurs plus aisément. Lors du développement d'un programme avec des composants, il est important, au préalable, de bien réfléchir à la manière de décomposer la tâche à réaliser en **sous-tâches** plus simples. Ce n'est qu'après avoir pu décrire clairement la stratégie de résolution que l'on peut commencer à développer des composants séparément et à tester leur bon fonctionnement. On peut ensuite assembler sans souci les différents composants pour réaliser un programme complet.
Lorsqu'on décompose un objectif en sous-tâches et que l'on définit ainsi la structure du programme, on parle de **conception du programme**. Pour résoudre les sous-tâches, on utilise des **sous-programmes** à partir desquels on assemble le **programme principal**. La conception est la première phase du développement d'un programme. La phase suivante consiste à écrire le programme et ses sous-programmes. Au besoin, on peut encore ajouter une troisième phase de correction et d'amélioration du programme et une quatrième phase consistant à l'étendre pour résoudre d'autres problèmes.

Dans ce chapitre, vous avez appris les commandes suivantes :

`def` **nom_commande** `():` `    corps`	Nommer un sous-programme / définir une nouvelle commande. Le corps décrivant la nouvelle commande doit être indenté.
`delay(`**temps**`)`	Attendre **temps** millisecondes avant de poursuivre l'exécution.
`hideTurtle()`	Rendre la tortue invisible pour que les images soient dessinées très rapidement.
`showTurtle()`	Rendre la tortue visible pour observer comment elle dessine.

Auto-évaluation

Concepts et éléments de langage Python

1 Que signifie l'expression « conception modulaire » ? Pourquoi dit-on que la conception est modulaire ?
2 À part la programmation, pourriez-vous citer d'autres situations où l'on utilise la conception modulaire ?
3 Quels sont les avantages de la conception modulaire ?
4 Quelle instruction utilisez-vous pour donner un nom à un programme ?
5 Quel est le rapport entre la conception modulaire et la possibilité d'étendre soi-même le langage de programmation ?
6 Qu'entend-on par développement de programme ?
7 Comment fait-on pour programmer une animation ?
8 À quoi sert la commande `delay` lorsqu'on veut programmer une animation ?
9 Comment pourrait-on utiliser la commande `delay` pour chercher plus efficacement des erreurs dans un programme ?
10 Donnez un exemple de programme que vous avez développé qui est formé de plusieurs composants et expliquez comment vous avez fait pour le développer.

Exercices

1 Développez un programme qui dessine une grille 6 × 9. Chaque carré de la grille mesure 20 de côté.

2 Développez un programme dessinant l'étoile à cinq branches de l'illustration. Chaque branche est un triangle équilatéral de longueur 100. Cela engendre un pentagone régulier au milieu de la figure. Réfléchissez d'abord comment vous allez procéder et déterminez la grandeur des angles.

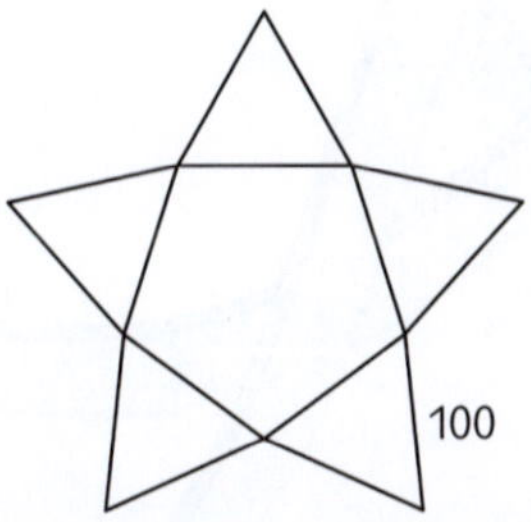

3 Développez une commande `i_grec()` qui dessine un Y comme dans l'illustration A. L'angle entre les deux branches est de 60° et chaque segment mesure 10. Développez une deuxième commande `double_i_grec()` qui dessine un double Y comme dans l'illustration B. Le tronc mesure 20. Pour dessiner les deux branches, utilisez la commande `i_grec()` développée précédemment.

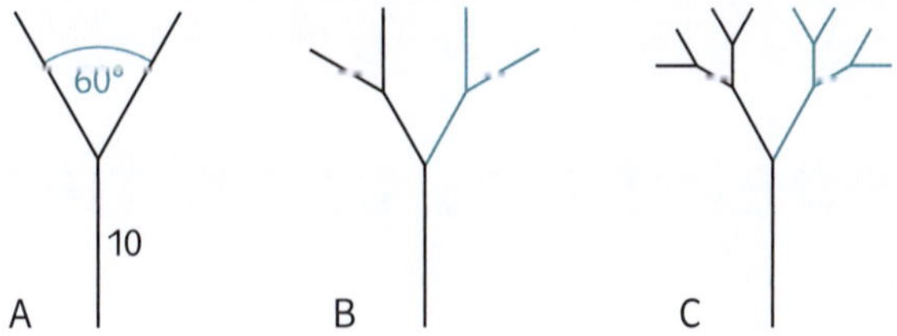

Continuez de travailler dans la même logique et développez une commande `quadruple_i_grec()` qui dessine la figure de l'illustration C. Le tronc mesure 40 et chaque branche est dessinée avec `double_i_grec()`.

4 Développez un programme qui dessine un hexagone formé de six triangles équilatéraux. Un des triangles doit être rouge. L'hexagone doit être animé et tourner de 6° dans le sens des aiguilles d'une montre à chaque pas d'animation. L'ancien hexagone doit être effacé avant que le nouveau ne soit dessiné.

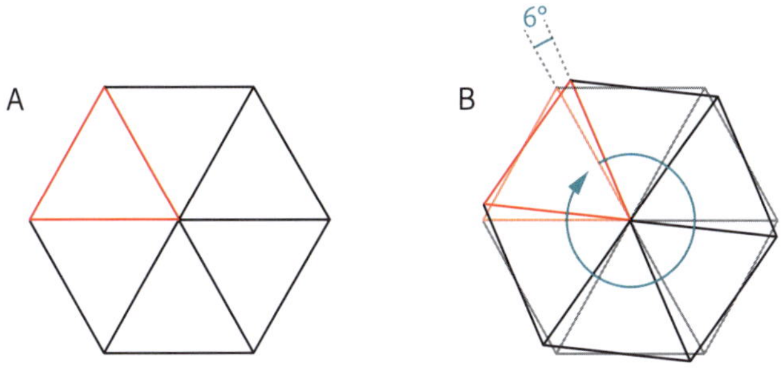

3 Répéter des opérations

Le rôle principal de l'informatique est de libérer les humains des tâches pénibles et ennuyeuses. En un clin d'œil, l'ordinateur peut réaliser une foule d'opérations et ainsi laisser aux humains le temps de se consacrer à des tâches créatives. Pour ce faire, on automatise des processus et on délègue à l'ordinateur le soin de les exécuter. Vous avez sans doute noté qu'en programmation, il est assez pénible de devoir recopier quatre fois de suite les deux mêmes instructions pour dessiner un carré. Mais cela n'est rien par rapport au labeur nécessaire pour dessiner un polygone régulier à 100 côtés s'il faut copier 100 fois les mêmes commandes `forward(5)` et `right(360/100)`. Il doit y avoir une meilleure solution !

Dans ce chapitre, vous allez apprendre à dire simplement à l'ordinateur de répéter x fois une suite d'instructions. En combinant cette nouvelle compétence avec la conception modulaire, vous serez déjà en mesure de vous attaquer à des problèmes d'automatisation relativement complexes sans perdre la vue d'ensemble et sans devoir écrire de trop longs programmes.

Boucles simples

Il est possible de dire à l'ordinateur qu'il doit répéter un ensemble d'instructions un grand nombre de fois. Cela permet d'écrire des programmes de manière bien plus efficace.

Exemple 1

L'instruction `repeat 4 :` permet de dire à l'ordinateur qu'il doit répéter quatre fois une suite d'instructions (le mot « repeat » vient de l'anglais et signifie « répète »). Étudiez les deux extraits de programmes ci-dessous qui effectuent exactement la même tâche :

```
forward(100)
left(120)
forward(100)
left(120)
forward(100)
left(120)
```

⟷

```
repeat 3:
    forward(100)
    left(120)
```

Nouveaux concepts et éléments de langage Python

- **`repeat` nombre :**
  Pour chaque instruction `repeat`, il faut spécifier le nombre de répétitions ainsi qu'une suite d'instructions à répéter. L'instruction `repeat` ainsi que les commandes à répéter forment une **boucle**. En programmation, une boucle comprend toujours une partie de programme qui doit être exécutée plusieurs fois. On appelle cette partie de programme le **corps de la boucle**.

Exemple 2

Pour dessiner un 20-gone (polygone régulier à 20 côtés), il faudrait écrire les deux commandes `forward()` et `right()` 20 fois de suite. Cependant, on peut utiliser `repeat 20 :` pour dire à l'ordinateur qu'il doit répéter ces deux instructions 20 fois de suite. Notez que les deux commandes devant être répétées sont indentées.

```
from gturtle import *
makeTurtle()
repeat 20:
    forward(25)
    right(360 / 20)
```

boucle (lignes 3 à 5)

corps de la boucle (lignes 4 et 5)

La boucle est constituée du mot-clé `repeat` suivi du nombre de répétitions. En dessous, indentées, se trouvent les commandes à répéter un certain nombre de fois. Les deux commandes `forward` et `right` constituent le corps de la boucle.

Exemple 3

Nous avons déjà vu comment définir une commande dessinant un carré. On avait écrit quatre fois de suite la paire d'instructions `forward()` et `right()`. Avec `repeat`, on peut maintenant écrire cela de manière plus simple et plus courte. Lisez l'exemple ci-dessous et tentez de bien comprendre pourquoi certaines lignes sont indentées (décalées).

```
1 from gturtle import *
2 
3 def carre150():
4     repeat 4:
5         forward(150)
6         right(90)
7 
8 makeTurtle()
9 carre150()
```

Il est très important que l'indentation soit correcte et cohérente après les mots-clés `def` et `repeat`. Après `def`, les trois lignes sont indentées car elles constituent la définition de la commande `carre150()`.
Les commandes `forward(150)` et `right(90)` sont en plus indentées par rapport au `repeat`. Ces deux commandes forment donc le corps de la boucle, à savoir ce qui doit être exécuté quatre fois de suite.
Étant donné que l'instruction `makeTurtle()` à la ligne 8 n'est plus indentée, elle est considérée comme ne faisant partie ni de la boucle ni de `carre150()`.

1 Écrivez dans chaque cas un programme dessinant un polygone régulier avec le nombre et la mesure de côtés indiqués.

A 11 côtés de longueur 50
B 15 côtés de longueur 30
C 7 côtés de longueur 100

Exemple 4

Le programme de cet exemple dessine une étoile comme dans l'illustration à gauche. Recopiez-le et exécutez-le sur l'ordinateur.

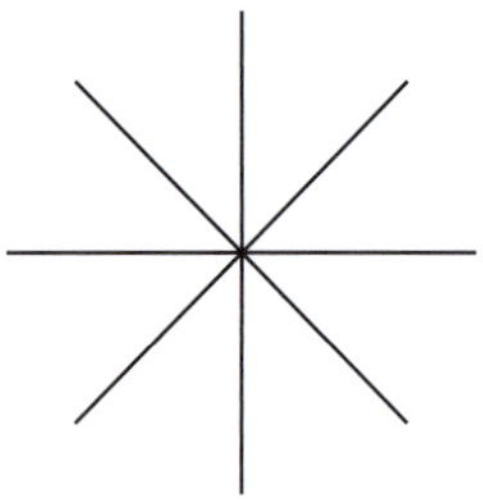

```
from gturtle import *

def etoile_100():
    repeat 8:
        forward(100)
        back(100)
        right(360 / 8)

makeTurtle()
etoile_100()
```

2 **A** Modifiez le programme de l'exemple de telle manière que l'étoile possède deux fois plus de branches (voir illustration ci-dessous).
B Dessinez une étoile à 360 branches.

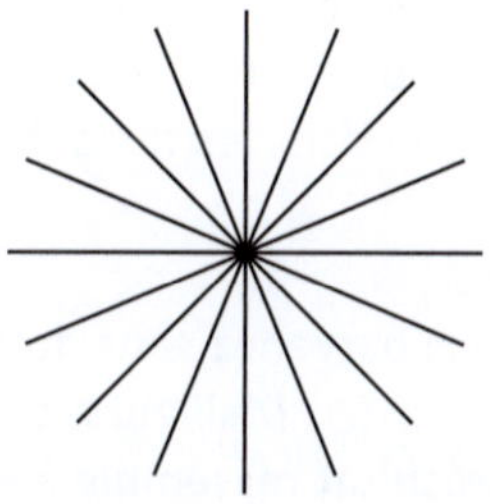

3 Écrivez un programme qui dessine une étoile à cinq branches comme dans l'illustration ci-dessous.

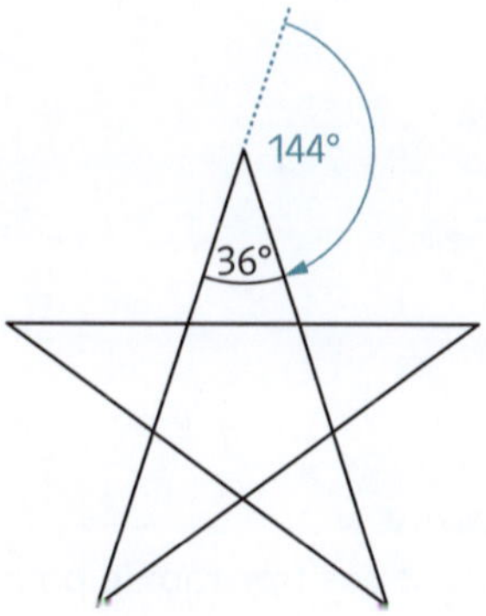

4 Écrivez trois programmes qui dessinent un escalier comme dans l'illustration B. Le nombre de marches ainsi que leur hauteur et leur longueur sont indiqués dans chaque cas :
A Nombre de marches 10, hauteur 25, longueur 25
B Nombre de marches 25, hauteur 5, longueur 10
C Nombre de marches 12, hauteur 20, longueur 5

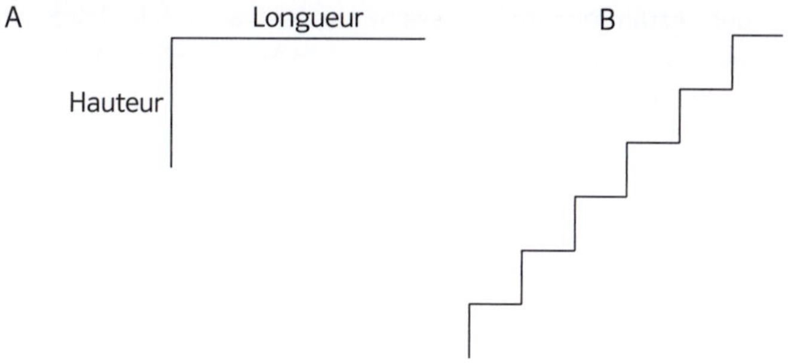

Ce que vous avez appris

L'instruction `repeat` permet de dire à l'ordinateur combien de fois il doit répéter une tâche. Le nombre de répétitions est indiqué par un nombre entier juste après le mot-clé `repeat`. Il ne faut pas oublier de mettre le deux-points **:** après le nombre de répétitions. Les instructions devant être répétées doivent être indentées.
On appelle de tels bouts de programmes des boucles. Les instructions à répéter forment le corps de la boucle.

Dessiner des cercles

Il est impossible pour un ordinateur de dessiner un cercle parfait. Cependant, si on lui demande de dessiner un polygone régulier avec un très grand nombre de côtés, on ne distingue plus les sommets anguleux et on a l'impression qu'il s'agit d'un cercle. Cette technique est également utilisée dans les films d'animation professionnels.

Exemple 5

Lisez le programme ci-dessous. Vous parvenez sans doute à comprendre le fonctionnement de la commande `cercle_2()`. D'ailleurs, elle ne fait que dessiner un polygone régulier à 360 côtés. Le résultat ressemble à s'y méprendre à un cercle.

```
from gturtle import *

def cercle_2():
    repeat 360:
        forward(2)
        right(1)

makeTurtle()
cercle_2()
```

Performances d'un programme

Malheureusement, l'ordinateur n'est pas très rapide pour dessiner un cercle avec cette technique, car il lui faut exécuter 360 commandes `forward(2)` et 360 commandes `right(1)`. Le programme perd trop de temps à effectuer la tâche, car il n'est pas **performant** par rapport à un programme qui effectuerait le même travail efficacement. Il faut donc se demander comment on pourrait améliorer ses performances.
Se pourrait-il par exemple que l'on puisse diminuer le nombre de répétitions en dessinant un polygone avec moins que 360 côtés ? Combien faut-il de côtés au minimum pour que le polygone ressemble encore à un joli cercle ? Cela dépend-il de la taille du cercle ? Essayez de déterminer le plus petit nombre de côtés possible permettant encore de dessiner un joli cercle bien lisse.

5 Le 360-gone de l'exemple 5 a un périmètre de 360 · 2 = 720. Modifiez le programme de l'exemple pour que la tortue dessine un cercle en faisant un 36-gone. Faites en sorte que le cercle conserve la même taille que dans l'exemple. Il devrait de plus avoir le même périmètre.

6 Complétez la commande `cercle_2()` de l'exemple pour qu'elle ne dessine pas seulement le cercle, mais qu'elle affiche également avec `print` le périmètre du cercle dans la fenêtre de sortie.

7 Que faut-il modifier dans le programme de l'exemple 5 pour qu'il ne dessine qu'un demi-cercle ? Modifiez l'exemple pour avoir une commande `demi_cercle_2()` qui ne dessine qu'un demi-cercle.

8 Écrivez un programme avec une commande `quart_de_cercle()` qui ne dessine qu'un quart de cercle. Utilisez ensuite cette commande pour dessiner un cercle entier formé de quarts de cercle jaune, rouge, bleu et vert.

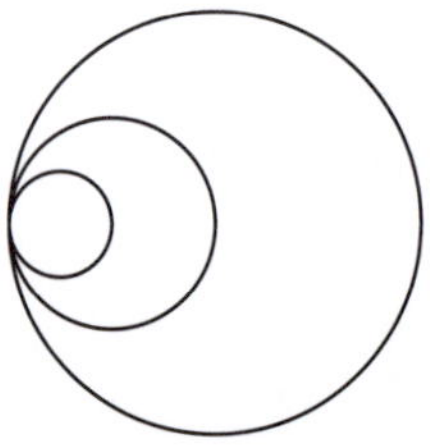

9 Écrivez un programme dessinant la figure de l'illustration à gauche. Le plus petit cercle a un périmètre de 360. Le périmètre des autres cercles est à chaque fois le double du précédent.

Exemple 6

Le programme de cet exemple dessine un pétale comme dans l'illustration. Le pétale est formé de deux tiers de cercle. Recopiez le programme et exécutez-le sur l'ordinateur.

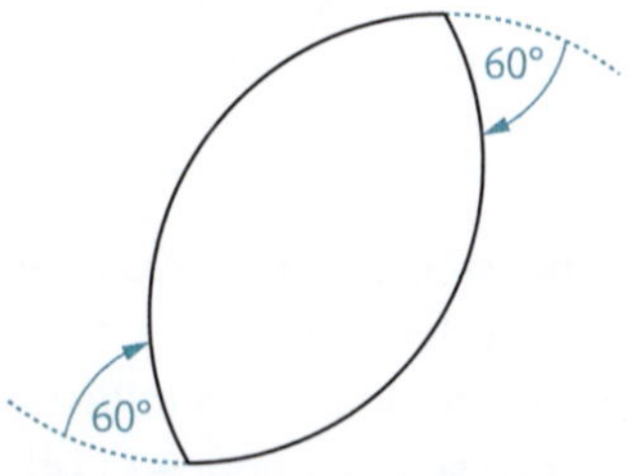


```
from gturtle import *

def tiers_de_cercle():
    repeat 12:
        forward(25)
        right(10)

def petale():
    tiers_de_cercle()
    right(60)
    tiers_de_cercle()
    right(60)

makeTurtle()
petale()
```

10 Écrivez un programme qui utilise la commande `petale()` de l'exemple pour dessiner une fleur comme dans l'illustration. Vous pouvez aussi dessiner les pétales en alternant deux couleurs différentes.

Ce que vous avez appris

Les ordinateurs ne peuvent dessiner que des lignes droites. Cela nous oblige à dessiner les cercles et les courbes avec de nombreux petits segments droits. Le cercle peut par exemple être obtenu en dessinant un polygone avec un grand nombre de côtés.
Plus on ajoute de côtés à un polygone, plus il se rapproche d'un cercle parfait, mais cela demande également plus de temps à l'ordinateur pour effectuer le dessin puisqu'il doit exécuter plus de commandes. Il faut donc faire un compromis entre le temps d'exécution et la précision requise sans que le programme devienne inutilement lent.

La conception modulaire avec les boucles

Il est bien entendu possible d'utiliser `repeat` dans le corps d'une boucle pour y imbriquer une autre boucle. Il vaut cependant bien mieux recourir à la conception modulaire en donnant un nom aux différentes parties du programme.

Exemple 7

Le programme de cet exemple dessine un carré avec des coins arrondis. La tortue ne peut donc pas tourner brutalement de 90° dans les coins mais doit plutôt dessiner un quart de cercle (voir la partie en couleur dans l'illustration).
Pour réaliser ce programme, on utilise deux boucles : celle avec `repeat 9:` s'étend de la ligne 4 à la ligne 6 et dessine un quart de cercle. La deuxième boucle avec `repeat 4:` s'étend de la ligne 3 à la ligne 7 et dessine à chaque passage le quart de cercle et un segment droit de longueur 75. Recopiez le programme et observez comment la tortue se déplace.

```
1  from gturtle import *
2  makeTurtle()
3  repeat 4:
4      repeat 9:
5          forward(4)
6          left(10)
7      forward(75)
```

boucle intérieure

boucle extérieure

Combien de fois la commande `forward(4)` à la ligne 5 est-elle répétée ? En tout, cela fait 4 · 9 = 36 fois. Pourquoi donc la commande `forward(75)` à la ligne 7 n'est-elle répétée que quatre fois ? Parce que cette instruction n'est pas indentée par rapport au `repeat 9:` et ne fait donc pas partie de cette boucle.

La conception modulaire permet de rendre ce programme bien plus compréhensible. Au lieu d'utiliser des boucles dans des boucles, on définit de nouvelles commandes indiquant ce que fait chacune des boucles. L'exemple suivant montre cette transformation en action.

Exemple 8

Le programme suivant dessine le même carré à angles arrondis que dans l'exemple précédent. On peut cependant bien plus facilement comprendre ce qui est dessiné : la première boucle avec le `repeat 9:` dessine un quart de cercle et la deuxième avec le `repeat 4:` dessine un carré avec des coins arrondis.

```
from gturtle import *

def quart_cercle():
    repeat 9:
        forward(4)
        left(10)

def carre_arrondi():
    repeat 4:
        quart_cercle()
        forward(75)

makeTurtle()
carre_arrondi()
```

première boucle

deuxième boucle

Caractéristiques d'un bon programme

Il faut toujours décomposer un programme en plus petites sous-tâches portant un nom très descriptif et possédant un but clair et précis. On peut utiliser des boucles dans chacune des parties dès qu'il faut réaliser des répétitions.

Un programme bien écrit possède la caractéristique suivante : on peut rapidement comprendre ce que fait chacune de ses parties et comment elle le fait. Dans l'exemple 8, on voit immédiatement comment le carré arrondi est dessiné : on dessine simplement quatre fois de suite un quart de cercle suivi d'un segment de longueur 75.

11 Écrivez trois programmes dessinant les figures ci-dessous. Utilisez la conception modulaire et les boucles aussi habilement que possible dans chaque programme.

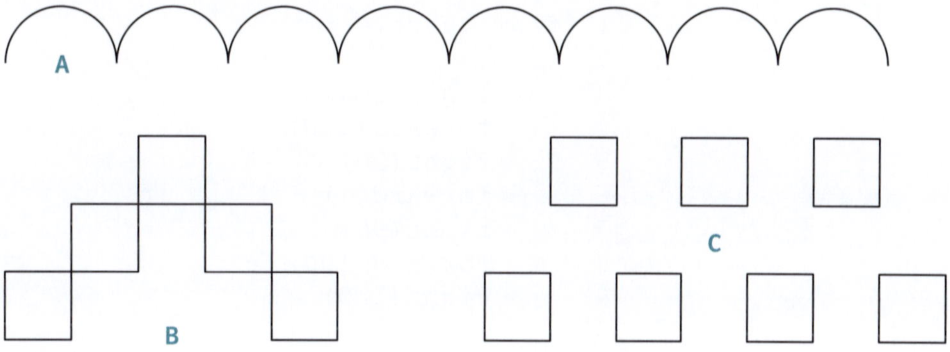

Bouger la tortue sans dessiner

Parfois, il peut arriver que l'on doive déplacer la tortue sans qu'elle dessine une trace. Jusqu'à présent, lorsqu'on ne voulait pas dessiner, on a simplement dessiné en blanc. Il y a encore une autre possibilité consistant à demander à la tortue de lever le stylo avec la commande `penUp()`. Dans ce cas, elle ne dessine plus rien du tout, même pas une ligne blanche. La commande `penDown()` permet de dire à la tortue qu'elle doit de nouveau abaisser le stylo pour dessiner la trace.

Exemple 9

Le programme de cet exemple dessine une ligne en pointillé. Pour ce faire, la tortue dessine une ligne très courte, continue d'avancer de deux pas en levant le stylo, abaisse à nouveau le stylo et continue ainsi 25 fois.

```
from gturtle import *

def pointille_100():
    repeat 25:
        forward(2)
        penUp()
        forward(2)
        penDown()

makeTurtle()
pointille_100()
```

12 Il n'est parfois pas pratique que la tortue commence à dessiner au milieu de la fenêtre. Les commandes `penUp()` et `penDown()` permettent de placer la tortue ailleurs dans la fenêtre sans qu'elle dessine, par exemple dans le coin supérieur gauche. Développez un programme où la tortue part du coin supérieur gauche et dessine le plus gros carré possible dans la fenêtre.

Remplir des figures avec de la couleur

Comment dessiner avec la tortue une figure dont l'intérieur est colorié ? Il suffit de lui demander de dessiner plein de lignes très serrées les unes à côté des autres. Lorsque la tortue dessine deux fines lignes collées l'une contre l'autre, cela crée déjà une ligne plus épaisse. De telles lignes plus épaisses permettent ensuite de remplir complètement un carré de couleur.

Exemple 10

Le programme suivant définit deux commandes. La première, `ligne_epaisse()`**, dessine deux fines lignes l'une à côté de l'autre pour former une ligne plus épaisse. La commande** `carre_plein()` **dessine ensuite 99 lignes épaisses, formant ainsi un carré. Recopiez le programme et observez comment la tortue remplit le carré.**

```
from gturtle import *

def ligne_epaisse():
    forward(100)
    right(90)
    forward(1)
    right(90)
    forward(100)
    right(180)

def carre_plein():
    repeat 99:
        ligne_epaisse()

makeTurtle()
carre_plein()
```

13 Expliquez pourquoi on dessine 99 lignes épaisses pour réaliser le carré plein de l'exemple 10 et non pas 100. Réfléchissez si les lignes sont toutes les unes à côté des autres ou s'il y en a qui se chevauchent.

14 Développez un programme qui dessine un carré rempli de rouge de longueur 75. Conseil : pour accélérer le programme, vous pouvez cacher la tortue avec la commande `hideTurtle()` (voir chapitre 2). Remarquez qu'il ne faut dessiner que 74 lignes épaisses.

15 Développez un programme qui dessine un rectangle plein. Les côtés doivent mesurer 210 et 80. Choisissez vous-même la couleur que vous préférez utiliser.

16 Écrivez un programme qui dessine un échiquier de 8 × 8 cases carrées. Chaque case doit mesurer 25 de côté. Les cases doivent être peintes en jaune et en brun en alternance.

Ce que vous avez appris

Les boucles peuvent également contenir d'autres boucles mais il est presque toujours mieux de travailler avec la conception modulaire. Cela consiste à donner un nom à chaque partie du programme impliquant une boucle. Ainsi, le programme devient plus compréhensible et sa modification ultérieure est plus facile. Les boucles et la conception modulaire permettent ainsi de garder la vue d'ensemble même dans les programmes longs et compliqués.

Animations avec des boucles

L'instruction `repeat` convient à merveille pour programmer des animations. On peut déterminer la durée du mouvement des objets à l'écran en modifiant le nombre de répétitions.

Exemple 11

Dans l'exemple 8 du chapitre 2, nous avions animé un petit poisson en écrivant de nombreuses fois la commande `un_pas()` manuellement. Mais il est bien plus approprié de déléguer cette répétition à l'ordinateur avec une boucle `repeat`. Transformez et complétez le programme de cet exemple en utilisant une boucle `repeat` pour animer le poisson à travers toute la largeur de la fenêtre.

```
from gturtle import *

...

def montre_poisson():
    ...

def un_pas():
    ...

makeTurtle()
hideTurtle()
un_pas()
un_pas()
un_pas()
un_pas()
un_pas()
```

```
from gturtle import *

...

def montre_poisson():
    ...

def un_pas():
    ...

makeTurtle()
hideTurtle()

repeat 5:
    un_pas
```

17 Écrivez un programme pour animer un animal. Pour ce faire, commencez par définir deux nouvelles commandes dessinant chacune un animal avec des pattes différentes comme dans l'illustration ci-dessous. Ensuite, faites en sorte que l'animal se déplace de gauche à droite de la fenêtre comme pour le poisson de l'exemple 11. Si l'on alterne entre les deux images en même temps que l'animal se déplace, on aura l'impression que l'animal bouge ses jambes.

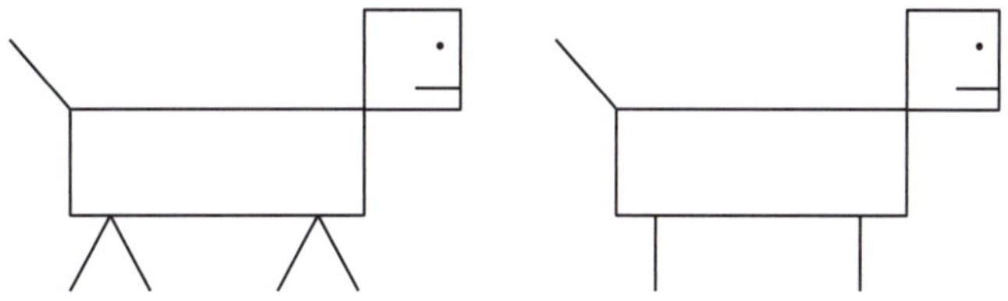

Ce que vous avez appris

Comme les animations sont fortement liées au concept de répétition, les boucles avec `repeat` se prêtent particulièrement bien à leur mise en œuvre. Les animations seront plus réalistes si l'on ne se contente pas de déplacer les formes, mais qu'on les modifie légèrement à chaque affichage.

Résumé

En informatique, on automatise les processus très répétitifs. Les **boucles** sont particulièrement utiles à cette fin. La boucle `repeat` permet de demander à l'ordinateur de répéter un processus un certain nombre de fois. Cela permet d'éviter de taper plusieurs fois la même instruction et rend également les programmes bien plus lisibles et compréhensibles.
Comme l'ordinateur n'est pas capable de dessiner des cercles ou des lignes courbes, on est obligé d'approximer un cercle par un polygone possédant un grand nombre de côtés. Cela implique une décision : plus il y a de côtés, plus le cercle est précis mais plus il faut de temps à la tortue pour effectuer le dessin.

Dans ce chapitre, nous avons abordé les éléments de langage suivants :

`repeat` nombre : `corps`	Répéter une partie de programme un certain nombre de fois. Il faut indenter le corps de la boucle contenant les instructions à répéter.
`penUp()`	Lever le stylo pour déplacer la tortue sans dessiner.
`penDown()`	Abaisser le stylo et dessiner à nouveau la trace.

La partie du programme à répéter, y compris le mot-clé `repeat` et le corps des instructions à répéter, s'appelle une **boucle**.
Lors du développement de gros programmes, il est recommandé de combiner les boucles avec la conception modulaire pour qu'ils demeurent bien lisibles et compréhensibles.

Auto-évaluation

Concepts et éléments de langage Python

1 Pourquoi a-t-on introduit le mot-clé `repeat` ? Citez des exemples de problèmes dans lesquels l'utilisation de l'instruction `repeat` économise beaucoup de temps.
2 Comment spécifie-t-on le nombre de répétitions avec l'instruction `repeat` ?
3 Comment fait-on pour préciser ce qu'il faut répéter avec l'instruction `repeat` ?
4 Pourquoi l'instruction `repeat` est-elle particulièrement utile pour produire des animations ?
5 Est-il possible d'utiliser l'instruction `repeat` dans le corps d'une autre instruction `repeat` ?
6 Pourquoi l'utilisation de la conception modulaire en lien avec `repeat` est-elle une stratégie judicieuse et claire lors du développement de programmes ? Citez un exemple convaincant.
7 Est-il possible de dessiner un vrai cercle avec un ordinateur ?
8 Comment peut-on maîtriser l'incontournable charge de travail lors du dessin d'un cercle ? Quel est le désavantage d'essayer de dessiner un cercle avec un nombre restreint de commandes ?

Exercices

1 Que fait le programme ci-dessous ? Essayez dans un premier temps de déterminer ce qu'il dessine sans recourir à l'ordinateur et vérifiez ensuite votre hypothèse en utilisant l'ordinateur.

```
from gturtle import *
makeTurtle()
repeat 12:
    repeat 4:
        forward(30)
        right(90)
    right(90)
    forward(30)
    left(90)
```

2 Comment pourrait-on utiliser la conception modulaire pour écrire le programme de l'exercice 1 de manière plus compréhensible ? Transformez le programme de telle sorte que l'on puisse voir immédiatement ce que dessine chaque partie du programme.

3 Que va écrire le programme suivant dans la fenêtre de sortie ?

```
repeat 3:
    print 5 * "pomme "
print 2 * "pomme ", "ver ", 2 * "pomme "
repeat 2:
    print 5 * "pomme "
```

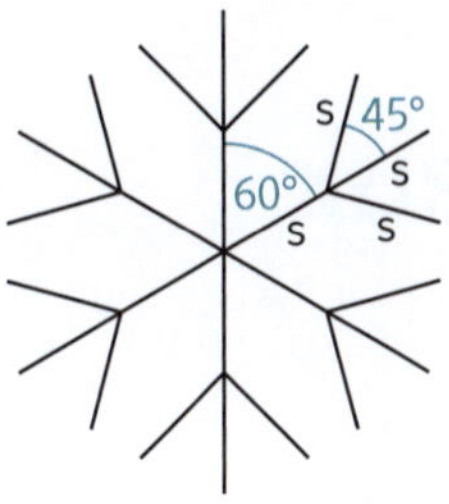

4 Développez un programme qui dessine un flocon de neige comme dans l'illustration de gauche. Utilisez pour ce faire l'instruction `repeat`. La longueur s doit valoir 40.

5 Écrivez un programme qui dessine un motif circulaire comme dans l'illustration de gauche. Le motif est formé d'un grand cercle et d'une ligne ondulée constituée de deux petits demi-cercles. Le périmètre des demi-cercles mesure u = 150 et celui du grand cercle mesure 300.

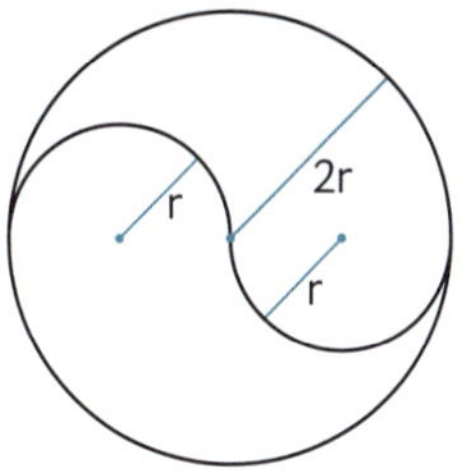

6 **Projet :** votre tâche est de dessiner un soleil avec une planète en orbite. Dessinez d'abord le soleil au milieu de la fenêtre. Faites ensuite orbiter une planète autour du soleil.

7 **Projet :** écrivez un programme qui dessine une horloge dont l'aiguille est animée. L'horloge possède une aiguille des secondes qui tourne de 6° à chaque seconde.

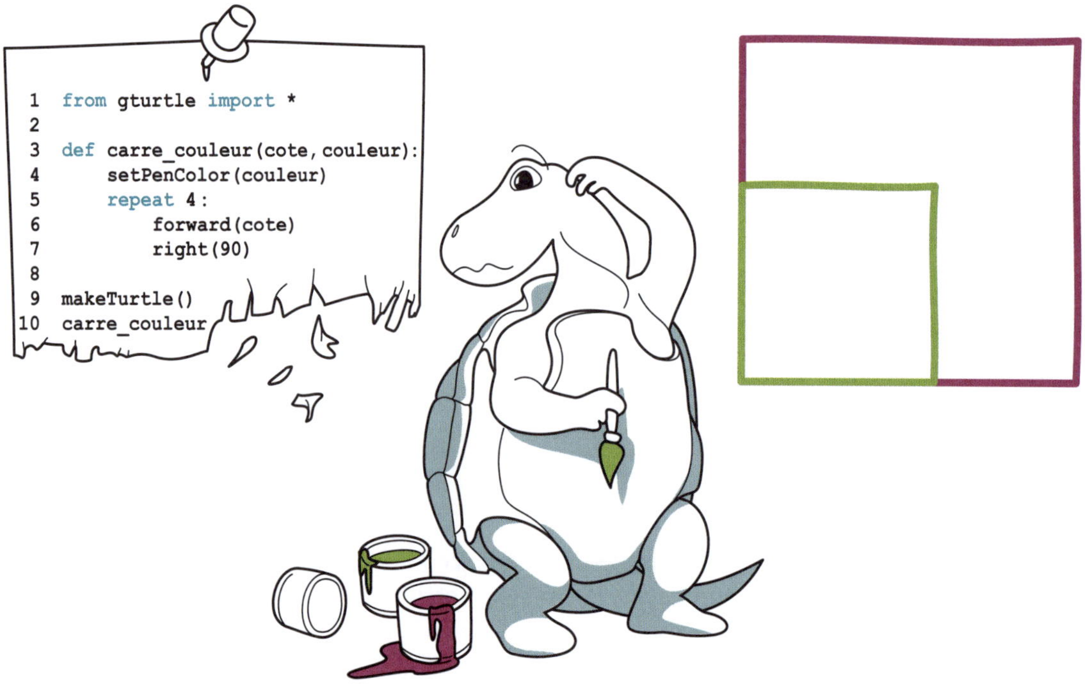

4 Un programme – de nombreux déroulements

Jusqu'à présent, on a toujours écrit des programmes ne pouvant effectuer qu'une seule tâche bien déterminée. Par exemple, la commande `carre100()` ne peut dessiner qu'une seule figure, à savoir un carré de côté 100. Pour dessiner un carré de côté 200, on est obligé de créer une nouvelle commande `carre200()`. Les deux commandes `carre100()` et `carre200()` sont cependant très semblables. Pourquoi ne définirait-on pas une seule et unique commande pour dessiner tous les carrés possibles ?

Dans ce chapitre, vous allez apprendre à développer des programmes plus généraux capables de dessiner une multitude de carrés de tailles différentes, ce qui vous permettra de choisir à chaque fois, au moment de l'appel, l'image particulière qu'il faut dessiner.

Commandes avec un seul paramètre

Dans cette section, vous apprendrez à définir et à utiliser des commandes avec un seul paramètre. Lorsque vous utilisez une telle commande, vous devez toujours préciser une valeur pour ce paramètre.

Qu'est-ce qu'un paramètre ?

Lors de l'appel de la commande `forward(`**x**`)`, on peut spécifier un nombre pour le **x**. Ce nombre que l'on met à la place de **x** précise de combien de pas la tortue va avancer. Pour `right(`**angle**`)`, on choisit un nombre pour **angle** et on précise par ce moyen de combien de degrés la tortue doit tourner à droite. Le nom **x** dans `forward(`**x**`)` ou **angle** dans `right(`**angle**`)` s'appelle un **paramètre**.
Pourquoi ne programmerait-on pas aussi une commande `carre(`**longueur_cote**`)` avec le paramètre **longueur_cote** ? On pourrait ainsi fournir un nombre quelconque pour **longueur_cote** permettant d'indiquer la taille du carré. Le nombre que l'on introduit de cette manière s'appelle la **valeur du paramètre**. On peut aussi utiliser un paramètre pour spécifier une couleur. Il faut alors spécifier comme valeur du paramètre non plus un nombre, mais le nom d'une couleur. Les valeurs d'un paramètre peuvent donc très bien être des types d'objets autres que des nombres, par exemple le nom d'une couleur.

Exemple 1

On veut définir une commande permettant de dessiner des carrés de taille quelconque. Commencez par bien observer les trois commandes différentes permettant de dessiner des carrés de taille déterminée à l'avance. Mettez en évidence ce qui change et ce qui est identique entre les trois commandes.

```
def carre100():
    repeat 4:
        forward(100)
        right(90)
```

```
def carre200():
    repeat 4:
        forward(200)
        right(90)
```

```
def carre300():
    repeat 4:
        forward(300)
        right(90)
```

On observe que les trois commandes sont pratiquement identiques. Hormis le nom des commandes, la seule différence est le nombre dans la commande `forward`. Autrement dit, seule la valeur du paramètre de `forward` est différente.

Paramètre pour un nombre

On veut maintenant définir une commande pour dessiner des carrés de n'importe quelle taille. Lors de l'utilisation de la commande `carre()`, on devrait donc pouvoir choisir librement le nombre entre les parenthèses. Pour ce faire, il suffit de spécifier dans la définition de la commande qu'il faut encore indiquer un nombre appelé **cote** après le nom `carre`. Le nombre **cote** est de ce fait le **paramètre** de la commande `carre`.

Exemple 2

Observez le programme suivant. On y introduit le paramètre cote dans la définition de `carre`. On voit que ce paramètre figure également dans la commande `forward` au lieu d'un nombre concret 100, 200 ou 300. Lors de l'appel `carre(100)` à la ligne 9, le paramètre cote est partout remplacé par la valeur 100 et le programme dessine donc un carré de côté 100. Mais le programme peut dessiner n'importe quel carré : il suffit de choisir une autre longueur de côté. Faites quelques essais !

```
1 from gturtle import *
2
3 def carre(cote):
4     repeat 4:
5         forward(cote)
6         right(90)
7
8 makeTurtle()
9 carre(100)
```

cote est le paramètre de la commande `carre(cote)`.

Lors de l'appel de la commande `carre(100)`, l'ordinateur attribue à **cote** le nombre 100.

Exécuter des commandes avec des paramètres

Lorsque l'ordinateur lit la définition `def carre(`**cote**`):`, il prend uniquement note du fait que `carre` prend un seul paramètre **cote**. Si l'on essaie ensuite d'appeler la commande `carre()` sans spécifier la valeur du paramètre, l'ordinateur ne voudra pas l'exécuter et va afficher un message d'erreur. En revanche, si l'on précise la valeur de **cote**, l'ordinateur va remplacer le paramètre **cote** par cette valeur dans l'ensemble du corps de `carre` et exécuter ensuite la commande.

L'ordinateur ne peut exécuter une commande prenant un paramètre que s'il peut savoir pour quelle valeur du paramètre il doit exécuter la commande. L'ordinateur ne peut pas dessiner un carré s'il ne sait pas quelle taille il doit lui donner !

1 Le programme de l'exemple 2 dessine un carré de côté 100. Complétez le programme de telle sorte qu'il dessine encore d'autres carrés de côtés 75, 150 et 200.

Nouveaux concepts et éléments de langage Python

Une commande peut prendre un **paramètre**. Le paramètre figure toujours entre parenthèses derrière le nom de la commande. Ce n'est que lors de la définition de la commande que l'on donne un nom au paramètre. Pour appeler la commande, on écrit une valeur (par exemple un nombre) à la place du paramètre.

La commande `carre(cote)` prend un paramètre nommé **cote**. Lorsqu'on utilise la commande `carre(123)`, l'ordinateur va remplacer le paramètre **cote** par la valeur 123 lors de l'exécution de la commande `carre`.

Lors de l'appel d'une commande avec un seul paramètre, il faut toujours spécifier une valeur pour ce paramètre, sinon l'ordinateur ne saura pas la valeur à utiliser et va se plaindre avec un message d'erreur.

2 Écrivez un programme qui dessine deux hexagones réguliers, l'un avec des côtés de longueur 80 et l'autre avec des côtés de longueur 96. Commencez par définir une commande `hexagone(cote)` permettant de dessiner n'importe quel hexagone régulier.

Exemple 3

Dans l'exemple 11 du chapitre 1, vous avez dessiné un triangle isocèle rectangle avec la tortue. On aimerait maintenant définir une commande `triangle_rect(x)`, qui peut dessiner tous les triangles isocèles rectangles semblables à celui de l'illustration ci-dessous. Le paramètre indique la longueur du plus petit côté x. Le côté le plus long est 1,414214 fois plus grand. Ainsi, l'ordinateur peut déterminer tout seul la longueur du plus grand côté.

```
from gturtle import *

def triangle_rect(x):
    right(45)
    forward(x)
    right(90)
    forward(x)
    right(135)
    forward(x * 1.414214)

makeTurtle()
triangle_rect(350)
```

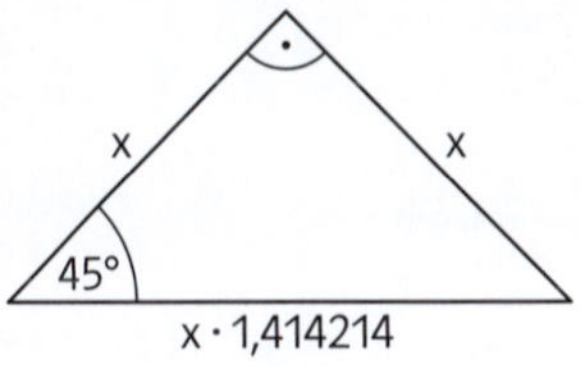

Exemple 4

On aimerait définir une commande `escalier(nombre_marches)` qui dessine un escalier. Selon la situation, on aura besoin de plus ou moins de marches. De ce fait, le nombre de marches à dessiner est un paramètre. L'escalier en entier devrait faire 240 de haut et 300 de longueur horizontale. On commence par réfléchir à la manière de calculer la hauteur et la longueur d'une seule marche. Pour 15 marches, chaque marche fait $\frac{240}{15}$ = 16 de haut et $\frac{300}{15}$ = 20 de longueur. Pour x marches, on calcule donc la hauteur = $\frac{240}{x}$ = 240/x et la longueur = $\frac{300}{x}$ = 300/x.
La définition de la commande se présente donc ainsi :

```
def escalier(nombre_marches):
    repeat nombre_marches:
        forward(240 / nombre_marches)
        right(90)
        forward(300 / nombre_marches)
        left(90)
```

Si l'on appelle la commande `escalier` avec `escalier(6)`, l'ordinateur va mettre la valeur 6 à la place du paramètre nombre_marches lors de l'exécution. Écrivez un programme dessinant un escalier à six marches à l'aide de la commande `escalier`.

3 Définissez une commande capable de dessiner n'importe quel polygone régulier de côtés 50. Le nombre de côtés doit être un paramètre que l'on peut choisir librement. À chaque sommet du polygone, la tortue tourne du même angle. Réfléchissez d'abord à comment l'ordinateur peut calculer cet angle à partir du nombre de côtés. Utilisez ensuite votre commande pour dessiner un pentagone et un octogone.

Paramètres pour la couleur

Les paramètres ne peuvent pas uniquement représenter des nombres mais aussi des couleurs. Du point de vue de la programmation, il n'y a en fait strictement aucune différence avec les paramètres pour des nombres.

Exemple 5

Dans ce programme exemple, `carre100_couleur` **prend un paramètre permettant d'indiquer la couleur du carré. On voit en l'occurrence que la valeur du paramètre ne doit pas forcément être un nombre. Dans ce cas, la valeur du paramètre couleur est le nom d'une couleur qui doit figurer entre guillemets.**

```
from gturtle import *

def carre100_couleur(couleur):
    setPenColor(couleur)
    repeat 4:
        forward(100)
        right(90)

makeTurtle()
carre100_couleur("red")
left(45)
carre100_couleur("gold")
```

4 Définissez une commande `triangle_couleur(couleur)` dessinant un triangle équilatéral de la couleur spécifiée et de côté 200. Écrivez ensuite un programme utilisant votre commande pour dessiner trois triangles juxtaposés de couleurs différentes.

Ce que vous avez appris

Vous êtes capable d'étendre la définition d'une commande. Au lieu de

def nom_commande():

on peut également spécifier un paramètre:

def nom_commande(paramètre):

Lorsqu'on utilise cette forme étendue de commande, il faut spécifier une valeur concrète entre les parenthèses comme un nombre ou un nom de couleur, par exemple `nom_commande(70)`. Lors de l'exécution de la commande, **paramètre** sera partout remplacé par la valeur en question au sein du corps de la commande.

Un paramètre permet de choisir librement une propriété de la tâche à accomplir ou de la figure à dessiner. Un paramètre peut influencer n'importe quelle propriété de la tâche à accomplir: la taille, la couleur et la forme des objets, ou encore le nombre de répétitions.

Commandes avec plusieurs paramètres

Une commande peut-elle également avoir plusieurs paramètres ? La réponse est oui : elle peut en principe avoir autant de paramètres qu'on le souhaite, ce qui est utile et bénéfique, car cela lui permet d'accomplir encore davantage de tâches différentes. Pour séparer les paramètres dans la définition d'une commande, on utilise des virgules.

Exemple 6

On veut écrire une commande qui dessine des polygones réguliers. Le nombre de côtés et leur longueur devraient pouvoir être choisis librement. Votre expérience en dessin de polygones devrait vous permettre de définir une telle commande :

```
from gturtle import *

def polygone(nombre_cotes, cote):
    repeat nombre_cotes:
        forward(cote)
        right(360 / nombre_cotes)

makeTurtle()
polygone(12, 50)
```

Le paramètre nombre_cotes détermine le nombre de côtés du polygone et le paramètre cote en détermine la longueur. Lors de l'appel `polygone(12, 50)`, **la tortue va dessiner un dodécagone régulier dont les côtés mesurent chacun 50. Pour évaluer l'expression arithmétique** `360 / nombre_cotes`, **l'ordinateur remplace d'abord le paramètre** `nombres_cotes` **par le nombre 12 et l'ordinateur effectue de ce fait le calcul 360/12 = 30.**

Nouveaux concepts et éléments de langage Python

Une commande peut avoir plusieurs paramètres :

def nom_commande (paramètre1, paramètre2, paramètre3, ...) :

Lors de l'appel de la commande, il faut fournir une valeur pour chaque paramètre.

Exemple 7

On rencontre souvent des exercices où il faut dessiner des carrés de différentes couleurs. Définissons donc `carre_couleur(cote, couleur)` **avec deux paramètres. Le premier spécifie la longueur du côté et le deuxième sa couleur.**

```
from gturtle import *

def carre_couleur(cote, couleur):
    setPenColor(couleur)
    repeat 4:
        forward(cote)
        right(90)

makeTurtle()
carre_couleur(144, "green")
```

5 Dans quel but pourrait-on utiliser à bon escient un paramètre de couleur comme dans l'exemple précédent ? Expliquez en quoi un tel paramètre de couleur pourrait être utile pour les animations ?

6 Définissez une commande dessinant un escalier partant d'en bas à gauche et montant jusqu'en haut à droite. La commande doit avoir trois paramètres : un pour la longueur d'une marche, un pour sa hauteur et un dernier pour le nombre de marches.
Dessinez ensuite avec votre commande un escalier de huit marches. Chaque marche doit avoir une hauteur de 16 et une longueur de 21.

7 Maria a écrit une commande pour dessiner un triangle et aimerait dessiner un triangle rouge. Malheureusement, son programme ne fonctionne pas. Expliquez ce qu'elle a fait de faux et corrigez son programme pour qu'il fonctionne correctement.

```
from gturtle import *

def triangle_couleur(s, f):
    setPenColor(f)
    repeat 3:
        forward(s)
        left(360 / 3)

makeTurtle()
triangle_couleur("red", 100)
```

8 Expliquez, en vous inspirant du programme de Maria de l'exercice 7, pourquoi le nom des paramètres devrait être le plus descriptif possible afin que leur signification soit évidente.

Ce que vous avez appris

Les commandes peuvent prendre autant de paramètres que l'on veut. Chaque paramètre représente une valeur (un nombre ou un nom de couleur) que l'on peut choisir librement lors de l'utilisation de la commande.
Un paramètre peut prendre une valeur différente à chaque utilisation de la commande.
Les noms des paramètres figurent toujours entre parenthèses juste après le nom de la commande et sont séparés par des virgules :
`def` **nom_commande (paramètre1, paramètre2, paramètre3, ...):**
Lorsqu'on utilise une commande, on doit toujours spécifier une valeur pour chacun d'eux. De ce fait, si une commande est définie avec trois paramètres, on doit aussi fournir trois valeurs lors de son appel.

Fonctionnement des paramètres

Que se passe-t-il en fait dans l'ordinateur lorsqu'on travaille avec des paramètres ? Comment l'ordinateur fait-il pour remplacer les paramètres par des valeurs lorsqu'une commande est exécutée ? Lorsqu'on définit une nouvelle commande, l'ordinateur construit aussitôt une sorte de tableau comprenant une ligne pour chacun des paramètres.

Exemple 8

Lorsqu'on définit une commande pour dessiner n'importe quel polygone régulier, on arrive à quelque chose comme :

```
def polygone(nombre_cotes, cote):
    repeat nombre_cotes:
        forward(cote)
        right(360 / nombre_cotes)
```

Pour l'ordinateur, la commande `polygone(nombre_cotes, cote)` **comprend un corps et un tableau avec les paramètres :**

Corps de la commande `polygone` :

```
repeat nombre_cotes:
    forward(cote)
    right(360 / nombre_cotes)
```

Tableau pour la commande `polygone` :

Nom	Valeur
nombre_cotes	?
cote	?

Ensuite, on utilise la commande avec l'appel :

```
polygone(36, 720 / 36)
```

Que se passe-t-il avec le tableau ? L'ordinateur va d'abord évaluer l'expression arithmétique 720/36 et écrire les valeurs 36 et 20 dans les cases correspondantes du tableau. Pendant que l'ordinateur exécute la commande `polygone(36, 20)` **ligne après ligne, il va constamment se référer au tableau pour remplacer chaque paramètre par sa valeur actuelle.**

Nom	Valeur
nombre_cotes	36
cote	20

Nouveaux concepts et éléments de langage Python

Lorsqu'on définit une nouvelle commande, Python génère automatiquement un **tableau** contenant tous les paramètres de la commande. Pour chaque commande, l'ordinateur enregistre donc le corps qui la définit ainsi qu'un tableau dont le rôle est de stocker les paramètres. Chaque commande possède son propre tableau dont chacune des lignes permet de stocker un des paramètres.

Lorsqu'on appelle la commande, Python va d'abord insérer les valeurs fournies pour chaque paramètre dans la ligne correspondante du tableau. Lorsque Python exécute le corps de la commande et y rencontre le nom d'un paramètre, il consulte le tableau et y cherche la valeur actuelle du paramètre en question et utilise cette valeur. À chaque nouvel appel de la commande, les valeurs des paramètres sont mises à jour dans le tableau et remplacent les anciennes valeurs qui sont de ce fait effacées.

Une case du tableau dans laquelle une valeur est inscrite est appelée **emplacement mémoire**. Le nom du paramètre dans la ligne du tableau est le nom de l'emplacement mémoire.

9 Le programme ci-dessous dessine deux rectangles. À quoi le tableau des paramètres pour la commande `rectangle` ressemble-t-il ? Quelles sont les valeurs introduites par l'ordinateur pour les paramètres lors de l'appel de la commande `rectangle` aux lignes 12 et 13 ?
Dessinez d'abord le tableau avec les paramètres pour la commande `rectangle`.
Dessinez ensuite le tableau pour chacun des deux appels de `rectangle` avec les valeurs passées en paramètre.

```
1  from gturtle import *
2
3  def rectangle(a, b, epaisseur):
4      setPenWidth(epaisseur)
5      repeat 2:
6          forward(a)
7          left(90)
8          forward(b)
9          left(90)
10
11 makeTurtle()
12 rectangle(150, 210, 3)
13 rectangle(184, 144, 1)
```

Ce que vous avez appris

Pour chaque commande avec paramètres, l'ordinateur génère un tableau qui contient une ligne pour chaque paramètre de la commande et des cases (encore vides) pour les valeurs des paramètres. Lorsqu'on utilise une commande, Python introduit une valeur pour chaque paramètre (un nombre ou le nom d'une couleur). Python peut ainsi exécuter la commande et, au besoin, consulter le tableau pour voir la valeur que prend un paramètre.

Passer des valeurs de paramètres à d'autres commandes

Pour définir une commande prenant des paramètres, il faut écrire entre parenthèses les paramètres séparés par des virgules juste après le `def` et le nom de la commande. Lors de l'exécution de la commande, ses paramètres sont remplacés ligne après ligne par la valeur de paramètre actuelle qui se trouve dans le tableau.
Si, dans le corps d'une commande, on utilise à nouveau, en tant que sous-programmes, d'autres commandes prenant des paramètres, on peut transmettre les valeurs des paramètres du programme principal aux paramètres du sous-programme.

Exemple 9

Vous souvenez-vous que l'ordinateur dessine les cercles comme des polygones ? Vous avez vu au chapitre 3 que lorsqu'un polygone possède beaucoup de côtés, il ressemble à un cercle. Si l'on dispose d'une commande dessinant un polygone, on peut créer une deuxième commande `cercle(peri)` dessinant un cercle de périmètre donné.

```
1  from gturtle import *
2
3  def polygone(nbre_cotes, cote):
4      repeat nbre_cotes:
5          forward(cote)
6          right(360 / nbre_cotes)
7
8  def cercle(peri):
9      polygone(36, peri / 36)
10
11 makeTurtle()
12 cercle(720)
```

La valeur prise par le paramètre **cote** de `polygone` est calculée à partir du paramètre **peri**.
Si **peri** = 720, l'ordinateur fait le calcul 720/36 = 20. Le paramètre **cote** prend alors la valeur 20.

Ce que l'ordinateur écrit dans le tableau

Après l'appel de `cercle(720)`, l'ordinateur écrit 720 dans la ligne **peri** du tableau de la commande `cercle`. Le tableau de `polygone` ne contient encore aucune valeur. Lorsque l'ordinateur commence à exécuter le corps de `cercle` constitué de la ligne `polygone(36, peri / 36)` (ligne 9), il inscrit d'abord la valeur 36 dans la ligne **nbre_cotes** du tableau de `polygone`. Ensuite, il fait le calcul **peri**/36 en consultant la valeur actuelle de **peri** dans le tableau de `cercle`. Le résultat est inscrit dans la ligne **cote** du tableau de `polygone`. Ainsi, l'ordinateur dispose également de valeurs pour les paramètres **nbre_cotes** et **cote** et peut exécuter la commande `polygone`.

Exemple 10

Les tableaux de paramètres permettent de comprendre comment une commande transmet des valeurs de paramètres à une autre commande. Dans le programme, les commandes `polygone` et `cercle` possèdent chacune un tableau de paramètres.

Paramètres de `polygone`

Nom	Valeur
nbre_cotes	?
cote	?

Paramètres de `cercle`

Nom	Valeur
peri	?

Lors de l'appel de `cercle` **et de** `polygone`**, les valeurs des paramètres sont introduites dans l'ordre mentionné ci-dessus.**

```
from gturtle import *

def polygone(nbre_cotes, cote):
    repeat nbre_cotes:
        forward(cote)
        right(360 / nbre_cotes)

def cercle(peri):
    polygone(36, peri / 36)

makeTurtle()
cercle(720)
```

Nom	Valeur
peri	720

Nom	Valeur
nbre_cotes	36
cote	20

720/36

10 Définissez une commande qui dessine une rangée de carrés comme dans l'illustration. La commande doit prendre deux paramètres : un pour la longueur des côtés d'un carré et l'autre pour le nombre de carrés à dessiner dans la rangée.
Dessinez ensuite une rangée de 15 carrés possédant chacun des côtés de longueur 24.
Conseil : utilisez la commande `carre(cote)` que vous avez déjà programmée.

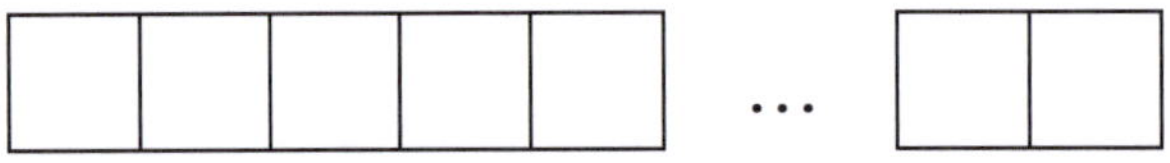

11 Définissez une commande `grille(m, n)` qui dessine une grille formée de carrés comme dans l'illustration. Utilisez pour ce faire la commande définie à l'exercice 10. Chaque carré doit avoir des côtés de longueur 10. Les paramètres **m** et **n** permettent d'indiquer le nombre de rangées (**m**) et le nombre de colonnes (**n**). Dans l'illustration, on a m = 5 et n = 9.

12 Définissez une commande qui dessine une flèche pointant vers le haut (voir illustration). Tous les segments droits ont la même longueur. La longueur x des segments ainsi que l'angle α doivent être des paramètres. La tortue commence à dessiner tout en bas au milieu de la fenêtre. Dessinez une flèche avec x = 100 et un angle de α = 45°.

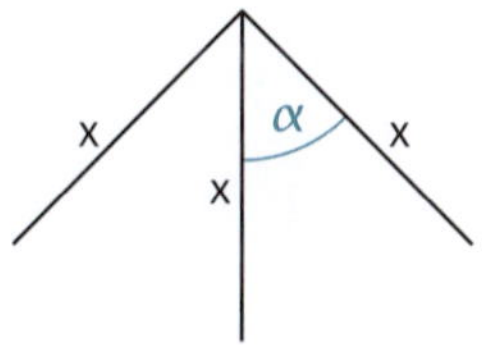

13 Définissez une commande qui dessine un sapin comme dans l'illustration à partir de trois flèches semblables à celles de l'exercice précédent. Les longueurs x, y et z doivent à nouveau être des paramètres. L'angle α vaut toujours 36°.

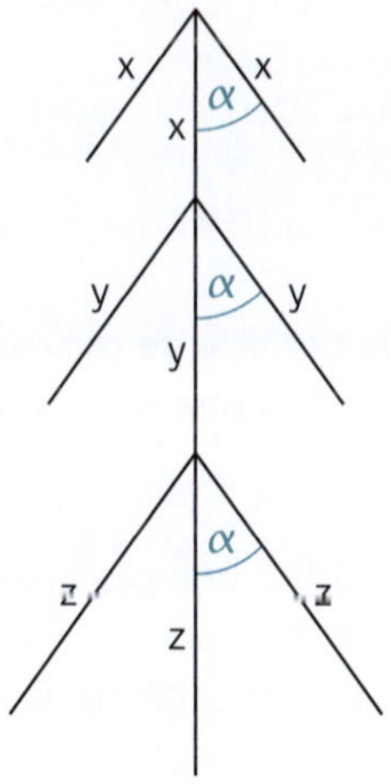

Dessiner un échiquier

Comment pourrait-on dessiner un échiquier en couleurs avec l'ordinateur ? Le mieux est d'utiliser la conception modulaire : on définit d'abord une commande dessinant un carré dans une certaine couleur. On définit ensuite une commande dessinant toute une rangée de tels carrés. On peut ensuite utiliser ces rangées de carrés pour dessiner l'échiquier complet. Voici un programme contenant une commande qui dessine un carré plein :

```
def ligne_epaisse(cote):
    forward(cote)
    right(90)
    forward(1)
    right(90)
    forward(cote)
    right(180)

def carre_couleur(cote, couleur):
    setPenColor(couleur)
    repeat cote - 1:
        ligne_epaisse(cote)
```

14 Écrivez un programme utilisant `carre_couleur(cote, couleur)` pour dessiner six carrés de côtés 40 empilés les uns sur les autres et de couleurs alternées rouge et jaune.

Exemple 11 A **Pour notre échiquier, on aimerait une rangée de carrés juxtaposés dont les couleurs sont alternées. On définit pour ce faire une nouvelle commande** `rangee_carres`. **Pour que la tortue retourne à sa position de départ, on utilise encore une autre commande :** `va_a_gauche`.

```
def va_a_gauche(longueur):
    penUp()
    left(90)
    forward(longueur)
    right(90)
    penDown()

def rangee_carres(cote, n, couleur1, couleur2):
    repeat n:
        carre_couleur(cote, couleur1)
        va_a_droite(1)
        carre_couleur(cote, couleur2)
        va_a_droite(1)
    va_a_gauche(cote * 2 * n)
```

Le paramètre n permet de contrôler le nombre de carrés à dessiner et correspond au nombre de carrés d'une seule couleur. Dans une rangée, on trouve donc 2n carrés.

15 La commande `rangee_carres()` utilise non seulement `va_a_gauche()` mais aussi la commande `va_a_droite()`. Que doit faire la tortue avec la commande `va_a_droite()` ? Définissez vous-même cette commande.

16 Écrivez un programme complet pour tester votre commande `rangee_carres()`. Faites en sorte que le programme dessine une rangée de 14 carrés de côté 22 qui sont bleus et verts en alternance.

17 Supposons que l'on utilise la commande :

```
rangee_carres(65, 3, "yellow", "purple")
```

Déterminer la valeur du paramètre **longueur** dans le sous-programme `va_a_gauche(`**longueur**`)` ?

Exemple 11 B Finalement, on peut construire un échiquier à partir des rangées de carrés qui sont à présent programmées. Êtes-vous capable de définir la commande `echiquier` ?

```
def echiquier(cote, m, n, couleur1, couleur2):
    repeat m:
        rangee_carres(cote, n, couleur1, couleur2)
        penUp()
        forward(cote)
        penDown()
        rangee_carres(cote, n, couleur2, couleur1)
        penUp()
        forward(cote)
        penDown()
```

18 Assemblez tous les éléments pour programmer la commande `echiquier` et dessinez ensuite un échiquier en l'utilisant :

```
echiquier(20, 5, 3, "cyan", "dark green")
```

19 Dessinez un échiquier de 12 cases de largeur et huit cases de hauteur. Les cases doivent alterner le jaune et le brun et avoir des côtés de longueur 25.

Ce que vous avez appris

Si une commande `A()` appelle une commande `B()` depuis son corps, elle peut transmettre la valeur de ses propres paramètres à ceux de la commande appelée `B()`. La commande appelante `A()` peut également calculer de nouvelles valeurs à partir de ses paramètres et transmettre le résultat de ces calculs aux paramètres de la commande appelée `B()`.

Résumé

Les **paramètres** permettent de définir des commandes capables de réaliser davantage qu'une seule tâche toujours identique et d'être ainsi plus flexibles pour résoudre de nombreux problèmes différents. Sans les paramètres, on serait obligé d'écrire un nouveau programme pour chaque figure un peu différente : pour les gros et les petits carrés, pour les triangles, pour les pentagones, etc. Avec les paramètres on peut définir une seule commande capable de dessiner par exemple n'importe quel polygone régulier de n'importe quelle taille. On décide ensuite quel polygone dessiner en choisissant les bons paramètres. Pour définir une nouvelle commande, on fournit entre parenthèses, après le nom de la commande, tous les paramètres dont on veut pouvoir choisir librement la valeur lors de son usage. Chaque paramètre nécessite un nom unique. Lorsqu'on utilise la commande, il faut fournir une valeur pour chaque paramètre. L'ordinateur enregistre ces valeurs dans un tableau dont chaque ligne correspond exactement à un paramètre. Lors de l'exécution du programme, l'ordinateur exécute la commande ligne après ligne. Lorsqu'il rencontre un paramètre, il consulte le tableau pour trouver la valeur du paramètre et utilise cette valeur à la place du nom du paramètre.

Auto-évaluation

Concepts et éléments de langage Python

1 Que peuvent faire les commandes avec paramètres que les commandes sans paramètre ne peuvent pas faire ?
2 En programmation, vous aimeriez pouvoir réutiliser plusieurs fois vos commandes dans différents contextes. En quoi les paramètres sont-ils utiles pour cela ?
3 Pourquoi pouvez-vous utiliser une commande avec paramètres dans davantage de situations qu'une commande sans paramètre ?
4 Combien de figures différentes peut-on dessiner à l'aide d'une commande prenant des paramètres ?
5 Combien de paramètres une commande peut-elle prendre ?
6 La valeur d'un paramètre est-elle toujours un nombre ?
7 Que se passe-t-il si l'on appelle une commande prenant un paramètre sans donner de valeur à ce paramètre ?
8 Quel genre de tableau l'ordinateur met-il en place après la définition d'une commande avec paramètres ? Que trouve-t-on dans le tableau lorsqu'on appelle la commande avec des paramètres concrets ?
9 Que se passe-t-il lors de l'appel `carre(cote / 10)`, si **cote** est un paramètre dans le programme principal dans lequel apparaît cette commande ?
10 Que se passe-t-il lorsque l'ordinateur veut écrire une nouvelle valeur dans le tableau et qu'il s'y trouve déjà une autre valeur ?

Exercices

1 Définissez une commande `double_escalier`(**nombre_marches**) qui dessine un escalier. Le paramètre **nombre_marches** indique le nombre de marches de la partie montante de l'escalier. Ensuite, l'escalier redescend du même nombre de marches. L'escalier doit être placé au milieu de la fenêtre.
Au total, tout le double escalier devrait avoir une largeur de 500 et une hauteur de 200.
Conseil : utilisez `penUp()` et `penDown()` pour placer correctement la tortue avant de commencer le dessin.

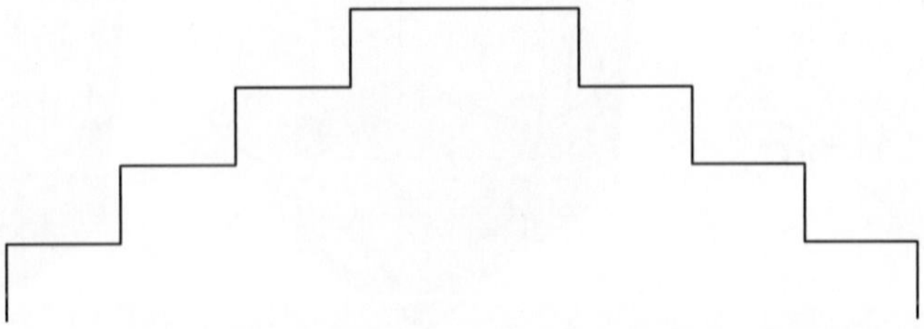

2 Définissez une commande `rangee_triangles`(**nombre, cote**) qui dessine une rangée de pyramides selon l'illustration. Chaque triangle a des côtés de longueur **cote**. Le paramètre **nombre** indique le nombre de triangles dans la rangée. Utilisez ensuite cette commande pour dessiner une rangée de 20 triangles de côtés 31, centrée au milieu de la fenêtre.

3 La commande `polygone`(**nombre_cotes, cote**) développée dans ce chapitre sert à dessiner n'importe quel polygone régulier. Définissez à présent le plus brièvement possible la commande `carre`(**cote**) en faisant appel à la commande `polygone` dans son corps.

4 **Projet :** dans le chapitre précédent, vous avez appris à dessiner une fleur à partir d'arcs de cercle (Chapitre 3, exemple 6). Chaque pétale était dessiné à partir de deux tiers de cercle. Si vous utilisez des quarts ou des sixièmes de cercle, les pétales deviennent plus petits.
Définissez une commande qui dessine toute une fleur, y compris les pétales et la tige. Votre commande doit prendre au moins trois paramètres : un pour la longueur de la tige, un pour le nombre de pétales et un pour la fraction de cercle à utiliser pour dessiner les pétales. En d'autres termes, le dernier paramètre permet de spécifier si l'on utilise des demi-cercles, des quarts de cercle, etc. Vous pouvez encore introduire un autre paramètre pour la couleur et ainsi dessiner des fleurs de différentes couleurs.

5 **Projet :** programmez une animation dans laquelle un poisson nage en rond. Le poisson doit toujours regarder dans la direction dans laquelle il nage. Le périmètre du cercle et la vitesse du poisson doivent pouvoir être déterminés librement.

5 Variables

La notion de **paramètre** abordée dans le dernier chapitre permet de réaliser un grand nombre de tâches avec une seule commande suivant la valeur choisie pour le paramètre. Une unique commande est par exemple suffisante pour dessiner un polygone régulier quelconque.

Pour l'ordinateur, un paramètre est un **emplacement mémoire** possédant un nom particulier. L'ordinateur stocke les paramètres dans un tableau. Dès que l'ordinateur doit connaître la valeur d'un paramètre x, il consulte la ligne correspondante du tableau. Il travaille ensuite avec la valeur présente dans le tableau.

Dans ce chapitre, nous allons généraliser le concept de paramètre pour construire celui de **variable**. Les paramètres sont utilisés pour enregistrer des valeurs sous un nom donné et y accéder ultérieurement. Les variables diffèrent des paramètres en ce que l'on s'autorise à en modifier la valeur durant l'exécution du programme et à en utiliser la nouvelle valeur pour dessiner, calculer ou écrire du texte.

Dans ce chapitre, vous allez apprendre à utiliser les variables pour développer des programmes permettant de résoudre des problèmes encore plus complexes.

Modifier des valeurs enregistrées

Lorsqu'on utilise des paramètres, on peut choisir librement les valeurs passées en paramètre et exécuter une même commande pour différentes valeurs d'un paramètre. On décide de la valeur à donner à un paramètre lors de chaque appel de la commande. Jusqu'à présent, cette valeur n'a jamais changé pendant l'exécution de la commande mais nous allons voir à présent comment indiquer à l'ordinateur de la changer et en quoi cela peut être utile.

Exemple 1

On aimerait dessiner une spirale. La tortue doit donc dessiner chaque segment droit un peu plus long que le précédent. Il est relativement facile de développer ce programme. Le problème est que si la spirale est constituée de 50 segments, le programme devient vite très long et pénible à écrire. Le code ci-dessous ne présente que quelques-unes des 100 lignes nécessaires.

```
from gturtle import *

def spirale(cote):
    forward(cote)
    left(90)
    forward(cote + 5)
    left(90)
    forward(cote + 10)
    left(90)
    forward(cote + 15)
    ...
    forward(cote + 245)

makeTurtle()
spirale(10)
```

Le programme répète sans arrêt les deux mêmes commandes `forward(cote)` **et** `left(90)`**. Il n'y a cependant que la valeur du paramètre cote qui change. Il serait donc préférable de définir la commande** `spirale(cote)` **en utilisant une boucle pour se décharger du travail de répétition. On obtiendrait quelque chose comme :**

```
def spirale(cote):
    repeat 50:
        forward(cote)
        left(90)
        Incrémente (augmente) la valeur de cote de 5
```

Ce qui nous manque encore est la possibilité de modifier la valeur de cote.
On peut le faire à l'aide de l'instruction `cote + = 5`.

Cela va augmenter (on dit également incrémenter) de 5 la valeur de cote à chaque répétition. Insérez cette commande dans la boucle `repeat` **ci-dessus et exécutez la commande** `spirale` **pour dessiner la spirale.**

1 Modifiez le programme de l'exemple 1 pour qu'il dessine une spirale avec les propriétés suivantes : le premier côté mesure 6 et les côtés suivants sont toujours plus longs de deux unités par rapport au côté précédent. La spirale possède en tout 36 côtés.

Nouveaux concepts et éléments de langage Python

- Une **variable** est un emplacement mémoire doté d'un nom. Cet emplacement mémoire contient nécessairement une et une seule valeur à la fois. Cette valeur est appelée **valeur actuelle de la variable**.
  Le nom « variable » dénote que la valeur présente dans l'emplacement mémoire peut changer au cours de l'exécution du programme. La valeur peut varier.
- Pour le moment, on modifie la valeur d'une variable `x` en l'augmentant de la quantité `quantite` avec l'instruction `x += quantite`.
  L'instruction `x -= quantite` permet quant à elle de retrancher `quantite` de la valeur de `x`.
- L'instruction `x *= quantite` va modifier `x` en multipliant sa valeur actuelle par le nombre `quantite`. Avec l'instruction `x /= quantite`, la valeur de la variable `x` va être divisée par `quantite`. Ainsi, on peut par exemple doubler la valeur de la variable `x` avec `x *= 2` et la diviser par deux avec `x /= 2`.

2 Développez un programme qui dessine une spirale partant de l'extérieur vers l'intérieur. La spirale jouit des propriétés suivantes : le premier côté mesure 200 et chaque côté additionnel est de 3 plus court que le précédent. La spirale possède en tout 50 côtés.

3 Modifiez le programme de l'exemple 1 pour qu'il dessine une spirale hexagonale. La longueur du premier côté vaut 10. Pour les côtés suivants, on multiplie la longueur du côté précédent par 1,2 à chaque nouveau segment. La boucle est répétée 18 fois.

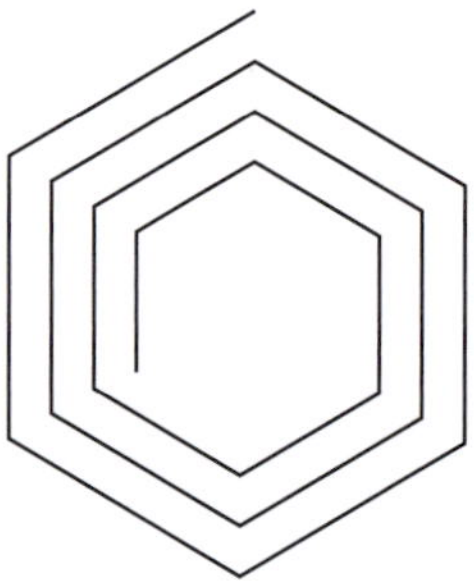

4 Développez un programme qui dessine une spirale hexagonale en écrivant d'abord une nouvelle commande `spirale_hex` (**cote**, **nombre**) prenant deux paramètres **cote** et **nombre**. Le paramètre **cote** indique la longueur du premier segment de la spirale et le paramètre **nombre** indique le nombre de segments la composant. Pendant que la spirale est dessinée, la longueur du segment actuel est constamment incrémentée de 3.

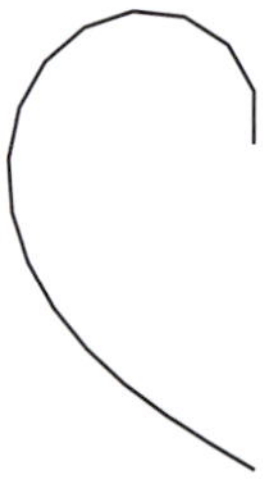

5 Développez un programme qui fait dessiner un demi-cœur à la tortue, comme dans l'illustration. Pour ce faire, la tortue se déplace d'abord de 10 pas verticalement vers le haut. Elle se tourne ensuite de 30° vers la gauche et avance à nouveau de 10 pas. Elle tourne ensuite de 28° vers la gauche et avance à nouveau de 10 pas. Elle se tourne ensuite encore de 26° à gauche et avance de 10 pas, etc. Au total, la tortue doit ainsi dessiner 16 segments droits.
L'angle de rotation de la tortue diminue à chaque étape de 2°.
Indication : dans la boucle, il faut utiliser l'instruction `angle -= 2` pour diminuer l'angle de 2°.

Observer la valeur des variables

La valeur des variables peut évoluer au cours de l'exécution du programme. Un tableau temporel permet de bien suivre cette évolution : il suffit de simuler l'exécution du programme et de noter dans le tableau la valeur de chaque variable à chaque instant.

Exemple 2

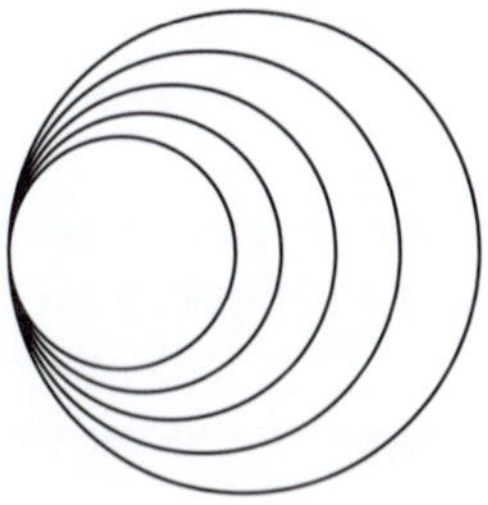

Cet exemple montre comment observer l'évolution des variables au cours de l'exécution du programme. Cela permet de mieux maîtriser les variables. Le programme de cet exemple dessine des cercles de rayon toujours plus grand selon l'illustration à gauche. Les paramètres nombre et perimetre permettent de spécifier le nombre de cercles à dessiner et le périmètre du plus petit d'entre eux. Chaque cercle est 1,2 fois plus grand que le précédent.

```
1  from gturtle import *
2
3  def cercle(nombre, perimetre):
4      repeat nombre:
5          repeat 36:
6              forward(perimetre / 36)
7              right(10)
8          perimetre *= 1.2
9
10 makeTurtle()
11 cercle(5, 500)
```

Tableau de la commande `cercle`	
nombre	5
perimetre	500

Lors de la définition de `cercle(nombre, perimetre)`, l'ordinateur crée un tableau contenant deux lignes pour stocker la valeur des paramètres nombre et perimetre. Lors de l'appel `cercle(5, 500)`, l'ordinateur enregistre les valeurs 5 et 500 dans les emplacements mémoire du tableau. Afin de documenter l'évolution des valeurs du tableau au cours de l'exécution de `cercle(5, 500)`, on peut utiliser un tableau temporel. On doit commencer par décider à quel endroit du programme on souhaite observer la valeur des variables. Il s'agit toujours d'un endroit qui se trouve entre deux lignes de code. Choisissons par exemple la position entre les lignes 7 et 8, à savoir juste avant l'instruction `perimetre *= 1.2`. On observe alors les valeurs autant de fois que la boucle `repeat` extérieure s'exécute. Dans le cas considéré, cela donne lieu à 5 observations que l'on peut noter dans un tableau.

Tableau temporel pour la commande `cercle(5, 500)`					
$i^{\text{ème}}$ parcours de la boucle	1	2	3	4	5
nombre	5	5	5	5	5
perimetre	500	600	720	864	1036,8

Lors de la première exécution de la boucle, c'est la valeur 500 spécifiée qui se trouve dans l'emplacement mémoire de perimetre. L'exécution de `perimetre *= 1.2` **change la valeur à 600. Lors du deuxième passage entre les lignes 7 et 8, perimetre prend donc la valeur 600.**

Astuce : il est possible d'exploiter l'ordinateur pour construire le tableau temporel. Il suffit pour cela d'insérer entre les lignes 7 et 8 une instruction `print perimetre`.
Le tableau met en évidence que la valeur de la variable **nombre** ne change pas au cours de l'exécution du programme. De ce fait, **nombre** est appelé **paramètre**.
On ne peut pas dire que la **variable perimetre** est un paramètre puisque sa valeur change durant l'exécution du programme.
Il serait théoriquement possible de construire un tableau temporel complet contenant les valeurs de toutes les variables à chaque ligne du programme. Cela donnerait lieu à un tableau colossal qui n'apporterait que peu d'informations utiles supplémentaires. On préfère donc choisir à quel endroit du code on veut observer la valeur des variables.

Important: en réalité, l'ordinateur n'utilise pas lui-même un tableau temporel qui est plutôt un outil nous permettant de tracer l'évolution des variables. Du point de vue de l'ordinateur, la variable correspond à un emplacement mémoire contenant exactement une valeur. Une fois que la valeur de la variable **perimetre** a changé de 600 à 720, l'ordinateur ne sait plus que la variable contenait auparavant la valeur 600, car il ne peut connaître que sa valeur actuelle.

6 Créez un tableau temporel pour l'appel `cercle(3, 400)` en choisissant comme point d'observation le début de la ligne 8 de l'exemple 2.

7 Créez des tableaux temporels pour les programmes que vous avez développés dans les exercices 2 et 3. Choisissez vous-même l'endroit le plus approprié pour observer l'évolution des variables. Vérifiez la validité de vos tableaux temporels en ajoutant une instruction `print` au bon endroit du programme.

8 Modifiez le programme de l'exemple 2 pour engendrer l'image ci-dessous.

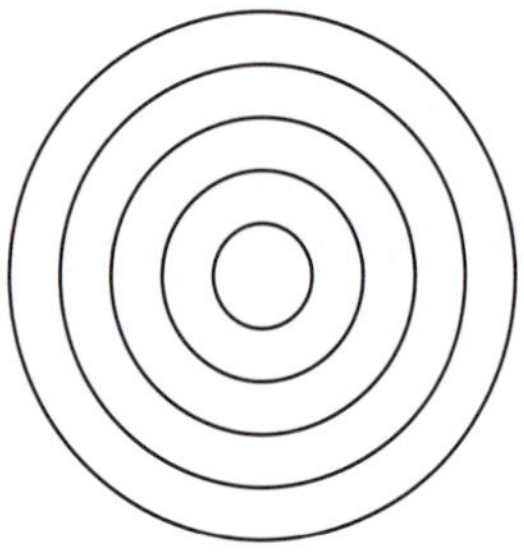

Générer des suites numériques grâce aux variables

Les variables permettent non seulement de dessiner des formes de plus en plus grandes mais également des suites numériques telles que la suite des carrés. L'ordinateur va ainsi construire une suite de carrés parfaits.

Exemple 3

Le programme de cet exemple affiche une suite de 10 carrés parfaits. L'ordinateur recalcule l'expression `x*x` dans `print x*x` lors de chaque parcours de la boucle. La valeur de la variable x est à chaque fois incrémentée de 1 avec `x += 1`.

```
def affiche_carres(x):
    repeat 10:
        print x*x,
        x += 1

affiche_carres(3)
```

9 Modifiez le programme de l'exemple pour qu'il affiche la suite des cubes $x^3 = x \cdot x \cdot x$.

10 Étendez la commande `affiche_carres(x)` de l'exemple avec un deuxième paramètre **nombre** permettant de déterminer le nombre de carrés à afficher. Utilisez ensuite cette commande pour afficher tous les carrés compris entre 100 et 999.

11 Selon une légende ancienne, l'inventeur des échecs a reçu du roi l'honneur de faire un vœu. Il a demandé au roi de déposer un grain de riz sur la première case de l'échiquier, d'en poser deux sur la deuxième case, quatre sur la troisième case, huit sur la quatrième et ainsi de suite. Il souhaitait donc que le roi lui donnât sur chaque case le double de grains de riz de la case précédente.
Combien de grains de riz le roi devait-il déposer sur la dernière case de l'échiquier ? Écrivez un programme qui commence avec un grain de riz et qui double ensuite cette quantité 63 fois. Combien vaut ce nombre ?

Ce que vous avez appris

Les variables sont des emplacements mémoire dotés d'un nom. Chaque variable possède toujours exactement une seule valeur. On peut modifier la valeur de cette variable durant l'exécution du programme et y enregistrer une nouvelle valeur. L'ancienne valeur disparaît alors complètement.

Transmettre la valeur d'une variable

Que se passe-t-il en réalité lorsqu'un programme passe la valeur d'une variable en tant que paramètre à un sous-programme (commande) ? Le sous-programme peut-il modifier la valeur de la variable définie dans le programme principal ? Les noms des variables des différentes commandes peuvent-ils être identiques sans qu'elles rentrent en conflit ?

Transmettre des valeurs

Lorsqu'on appelle une commande en indiquant un paramètre entre parenthèses, on lui indique en fait la valeur à placer dans le tableau. Lorsqu'un programme principal transmet la valeur d'une variable à un sous-programme à l'aide d'un paramètre, cette valeur est inscrite dans le tableau comme toute autre valeur. Le programme principal ne transmet donc pas la variable en elle-même mais uniquement la valeur actuelle qu'elle contient.

Exemple 4

On veut dessiner un motif carré constitué de 50 carrés dont les côtés sont à chaque fois rallongés de 3 selon l'illustration de gauche. Pour dessiner un carré, on définit la commande `carre`**(cote) et on l'appelle 50 fois de suite au sein d'une boucle. On incrémente à chaque fois de 3 la mesure du côté du prochain carré. La longueur de départ du plus petit carré doit pouvoir être déterminée librement. On nomme la variable correspondante longueur.**

```
1  from gturtle import *
2
3  def carre(cote):
4          repeat 4:
5          forward(cote)
6          right(90)
7
8  def motif_carre(longueur):
9      repeat 50:
10         carre(longueur)
11         longueur += 3
12
13 makeTurtle()
14 motif_carre(30)
```

Tableau pour `carre`	
cote	30

Tableau pour `motif_carre`	
longueur	30

Avec l'appel `motif_carre(30)`**, la valeur 30 est introduite dans le tableau de la commande** `motif_carre` **en guise de valeur pour la variable longueur. Lors de l'exécution de** `carre(longueur)` **à la ligne 10, la valeur 30 de la variable longueur est à son tour introduite dans le tableau de la commande** `carre` **comme valeur pour la variable cote.**

Après que le carré 30 × 30 a été dessiné, l'instruction `longueur += 3` **met la valeur de longueur à 33 dans le tableau** `motif_carre`**. Pour le moment, la valeur de cote ne change pas et reste à 30. C'est seulement lors de la prochaine exécution de l'appel** `carre(longueur)` **que la valeur de cote est également mise à 33 pour provoquer le dessin d'un carré 33 × 33.**
Observons une fois les valeurs de cote et de longueur lors des 5 premiers parcours de la boucle `repeat 50`**. Pour ce faire, on choisit d'abord pour chaque passage dans la boucle deux endroits où l'on relève la valeur des variables : une fois entre les lignes 9 et 10 (position A) et une fois entre les lignes 10 et 11 (position B). On obtient alors les tableaux temporels ci-dessous suite à l'appel** `motif_carre(30)` **:**

Tableau temporel pour `motif_carre`										
iième parcours de la boucle	1		2		3		4		5	
Position	A	B	A	B	A	B	A	B	A	B
longueur	30	30	33	33	36	36	39	39	42	42

Tableau temporel pour `carre`										
ième parcours de la boucle	1		2		3		4		5	
Position	A	B	A	B	A	B	A	B	A	B
cote		30	30	33	33	36	36	39	39	42

Remarquez qu'il y a, dans le tableau temporel pour `carre`**, un champ vide qui correspond à l'observation faite en A lors du premier parcours de la boucle. Cela s'explique par le fait qu'à ce moment,** `carre(longueur)` **n'a pas encore été exécuté et cote n'a de ce fait encore reçu aucune valeur. C'est lors de l'exécution de la commande** `carre(longueur)` **à la ligne 10 que la valeur de longueur est transmise à la variable cote de la commande** `carre`**.**
À la ligne 11, l'instruction `longueur += 3` **incrémente de 3 la valeur de longueur mais laisse inchangée la valeur de cote. C'est seulement lors de la prochaine exécution de** `carre(longueur)` **à la ligne 10 que la valeur de longueur est à nouveau transmise à la variable cote.**

12 Dessinez un motif triangulaire semblable à celui de l'illustration ci-dessous. Le plus grand triangle possède un côté de longueur 256. Pour chaque triangle suivant, la longueur des côtés est divisée par deux.

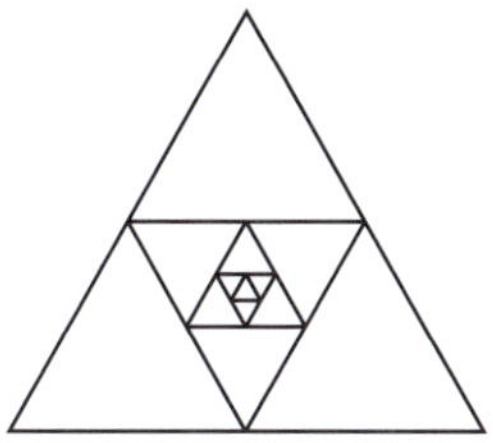

Excursion dans la technologie informatique

Mémoire

Lorsque les premiers ordinateurs furent construits, il n'était encore pas possible de programmer en utilisant n'importe quelle variable comme actuellement. Au lieu de cela, il y avait un nombre fixe d'emplacements mémoire numérotés. Les variables s'appelaient donc par exemple s0, s1, s2, s3, etc. Les programmeurs devaient donc faire très attention et noter à quoi servait chacune des variables. Les plus gros ordinateurs disposaient de milliers d'emplacements mémoire ainsi numérotés, ce qui pouvait rendre la programmation particulièrement exigeante.

À cette époque, on appelait ces emplacements mémoire des registres. Chacun d'eux pouvait enregistrer un simple nombre et leur taille standard était de un octet (byte).

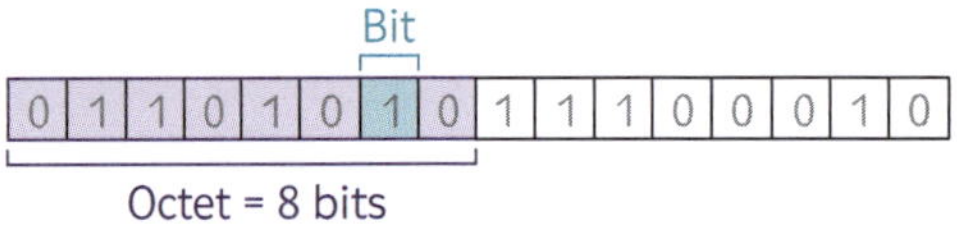

Un octet est constitué de 8 chiffres binaires (bits) dont la valeur est de 0 ou 1. Chaque registre pouvait donc contenir un nombre entier entre 0 et 255.

Aujourd'hui encore, on mesure la capacité de la mémoire des ordinateurs en octets. Un paquet de 1000 octets correspond à un kilooctet (ko), un million d'octets font un mégaoctet (Mo) et un milliard d'octets font un gigaoctet (Go). Un téléphone intelligent moderne disposant de 4 Go de mémoire RAM aurait donc de la place pour 4 milliards de registres.

De nos jours, la mémoire de l'ordinateur n'est plus organisée en registres fixes et peut donc contenir des nombres de taille quelconque. Avant tout, nous avons maintenant l'avantage de pouvoir appeler une variable par un nom de notre choix. Il n'en demeure pas moins que chaque variable et chaque valeur utilisent un petit bout de mémoire. Une couleur nécessite par exemple 4 octets en mémoire. Si l'image que la tortue dessine possède une définition de 800 × 600 pixels, elle occupe déjà 1 920 000 octets en mémoire, ce qui correspond à presque 2 mégaoctets. Si l'on devait encore travailler avec les registres comme sur les premiers ordinateurs, un simple programme pour la tortue nécessiterait déjà pratiquement 2 millions de registres. Il serait alors impossible de garder une vue d'ensemble du programme.

Le composant de l'ordinateur qui calcule, exécute les programmes et modifie les variables s'appelle le processeur. Comme celui-ci ne peut mémoriser que peu de valeurs à la fois, l'ordinateur utilise de la mémoire supplémentaire pouvant contenir des milliards de valeurs. Le processeur est souvent appelé CPU (Central Processing Unit) et la mémoire vive, la RAM (Random Access Memory).

Nom des variables

Nous avons vu que chaque commande possède son propre tableau de valeurs pour les variables. Le sous-programme d'une commande ne peut lire et modifier les valeurs des variables que si le tableau possède un emplacement mémoire pour chacune d'elles. Dans l'idéal, chaque variable porte un nom unique dans l'ensemble du programme. Si deux variables appartenant à des commandes différentes portaient le même nom, cela ne poserait cependant aucun problème à l'ordinateur, puisqu'elles existent dans un tableau différent propre à chaque commande.

L'analogie suivante permet de clarifier cette notion : deux familles possèdent chacune un chat nommé Garfield ne sortant jamais de l'appartement. Bien que les deux chats portent le même nom, ils sont cependant des animaux différents qui n'ont rien à voir l'un avec l'autre. Chaque famille est de plus uniquement responsable de son propre chat et ne nourrit que son propre Garfield. De même, chaque variable n'appartient qu'à une seule commande. On parle ainsi de **variable locale**.

Exemple 5

Le programme suivant dessine une figure composée de quatre spirales (voir image à gauche). Les deux commandes `spirale(cote)` et `quatre_spirales(cote)` possèdent des variables portant le même non mais chaque commande possède sa propre variable `cote`. Cet exemple montre que les deux variables cote et cote sont parfaitement différentes du point de vue de l'ordinateur.

```
from gturtle import *

def spirale(cote):
    repeat 12:
        forward(cote)
        right(90)
        cote -= 5
        print "spirale:", cote
    penUp()
    left(90)
    forward(30)
    right(90)
    back(30)
    penDown()

def quatre_spirales(cote):
    repeat 4:
        spirale(cote)
        print "quatre_spirales:", cote
        left(90)

makeTurtle()
quatre_spirales(100)
```

Tableau de `spirale`	
cote	100

Tableau de `quatre_spirales`	
cote	100

Dans `quatre_spirales`, la variable cote vaut 100. Par l'appel `spirale`, la commande `quatre_spirales` dit à la commande `spirale` : « Affecte la valeur 100 à ton paramètre cote. »

Que se passe-t-il lorsque le programme `quatre_spirales` transmet la valeur du paramètre cote au sous-programme `spirale` ? Le programme `quatre_spirales` dit au sous-programme `spirale` qu'il doit affecter à sa variable cote la même valeur, à savoir 100. L'ordinateur copie donc la valeur 100 du paramètre cote de la commande `quatre_spirales` dans la variable cote de la commande `spirale`. Comme les deux commandes `spirale` et `quatre_spirales` possèdent des tableaux de variables distincts, on dessine plusieurs tableaux temporels.

Tableau de `quatre_spirales`				
iième parcours de la boucle	1	2	3	4
cote	100	100	100	100

Tableau de `spirale` lors du 1er parcours de `quatre_spirales`							
iième parcours de la boucle	1	2	3	…	10	11	12
cote	100	95	90	…	55	50	45

Tableau de `spirale` lors du 2e parcours de `quatre_spirales`							
iième parcours de la boucle	1	2	3	…	10	11	12
cote	100	95	90	…	55	50	45

Tableau de `spirale` lors du 3e parcours de `quatre_spirales`							
iième parcours de la boucle	1	2	3	…	10	11	12
cote	100	95	90	…	55	50	45

Tableau de `spirale` lors du 4e parcours de `quatre_spirales`							
iième parcours de la boucle	1	2	3	…	10	11	12
cote	100	95	90	…	55	50	45

Exécutez le programme sur l'ordinateur. Grâce à la commande `print`, vous pouvez observer comment les variables cote de `spirale` et cote de `quatre_spirales` évoluent. On observe que, lorsque `spirale` modifie la valeur de sa variable cote, cela n'a aucune influence sur la valeur de la variable cote de `quatre_spirales`.

Bien qu'il soit possible de créer des variables portant le même nom dans différentes commandes, il est souvent préférable d'utiliser des noms distincts pour désigner les différents paramètres et variables sur l'ensemble du programme.

13 Modifiez le nom du paramètre **cote** dans la commande `quatre_spirales` en **cote_de_base**. Cela change-t-il quelque chose à l'exécution du programme ? Pourquoi faut-il alors aussi changer de `spirale(cote)` à `spirale(cote_de_base)` ? Le programme fonctionnerait-il encore si on laissait `spirale(cote)` ? Justifiez votre réponse.

14 À quoi les tableaux de variables de l'exemple 5 ressemblent-ils si l'on insère à la ligne 20 l'instruction `cote += 20` ? Dessinez les tableaux.

Excursion dans la technologie informatique

Composants d'un ordinateur

L'ordinateur comporte toujours trois composants importants : le processeur pour effectuer les calculs, la mémoire vive (RAM) en guise de mémoire de travail et une connexion au monde extérieur. Le composant essentiel d'un ordinateur est son **processeur**. Ce dernier peut calculer et prendre des décisions très rapidement mais sa mémoire à court terme est très limitée. L'ordinateur ne peut en réalité travailler en même temps qu'avec un très petit nombre de valeurs stockées en mémoire et n'a conscience que d'une seule ligne du programme à la fois.

Pour que le processeur puisse exécuter un programme, il a besoin de la **mémoire vive** dans laquelle il va notamment chercher une à une les lignes du programme à exécuter. Les tableaux de variables sont également stockés en mémoire vive. Lorsque le processeur a besoin de la valeur d'une variable pour faire un calcul, il va consulter le tableau de valeurs.

Finalement, le processeur nécessite également une **connexion au monde extérieur**. Pour restituer les informations, il utilise la carte graphique pour dessiner à l'écran des points, des lignes et des lettres. Vous pouvez utiliser le clavier et la souris pour communiquer avec l'ordinateur.

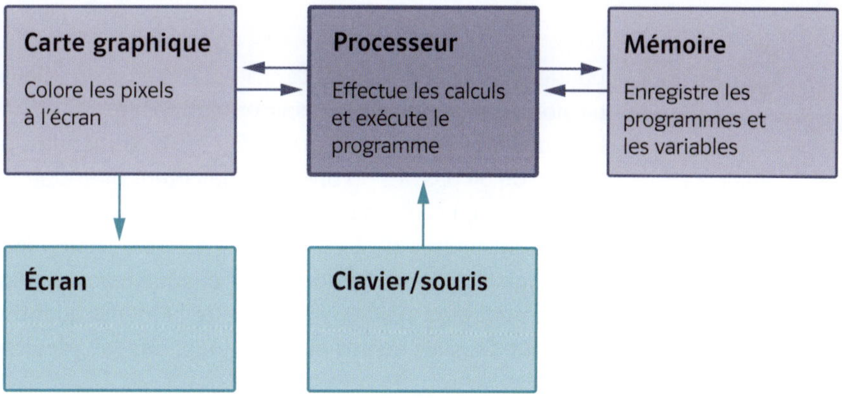

Ce que vous avez appris

Chaque commande possède son propre tableau de variables et les variables de commandes différentes n'ont donc rien à voir entre elles, même si elles portent le même nom.
Lors de l'appel d'une commande, un programme ne transmet pas des variables en tant que telles à la commande appelée mais lui indique juste la valeur à attribuer à ses paramètres.

Travailler avec plusieurs variables

Il est possible d'utiliser plus d'une variable par commande. De plus, il est également possible de créer de nouvelles variables au sein du corps d'une commande, ce qui est particulièrement utile pour effectuer des calculs. Dans cette section, vous apprendrez comment cela se réalise en Python.

Exemple 6

Le programme de cet exemple dessine douze rectangles et utilise deux variables. On voit comment cela est réalisé dans la commande `rectangles(cote_a, cote_b)`. Lors de chaque répétition, on commence par dessiner un rectangle, puis on incrémente la variable cote_a de 5 et on décrémente la variable cote_b de 5.

```
from gturtle import *

def rectangle(a, b):
    repeat 2:
        forward(a)
        right(90)
        forward(b)
        right(90)

def rectangles(cote_a, cote_b):
    repeat 12:
        rectangle(cote_a, cote_b)
        cote_a += 5
        cote_b -= 5

makeTurtle()
hideTurtle()
rectangles(20, 80)
```

15 Définissez une commande `ligne_bicolore(`**clair**`, `**fonce**`)` qui dessine une ligne bicolore, par exemple bleu clair et bleu foncé.
L'appel `ligne_bicolore(30, 20)` demande à la tortue de dessiner une ligne longue de 50 pas, les 30 premiers pas étant bleu clair et les 20 pas restants bleu foncé. La tortue retourne ensuite à sa position de départ.
Utilisez la commande `ligne_bicolore(`**clair**`, `**fonce**`)` pour dessiner l'étoile à 36 rayons illustrée ci-dessous. Pour chaque rayon, il faut rallonger un peu la longueur du segment bleu clair et raccourcir de la même quantité le segment bleu foncé de sorte que tous les rayons aient toujours une longueur de 50.

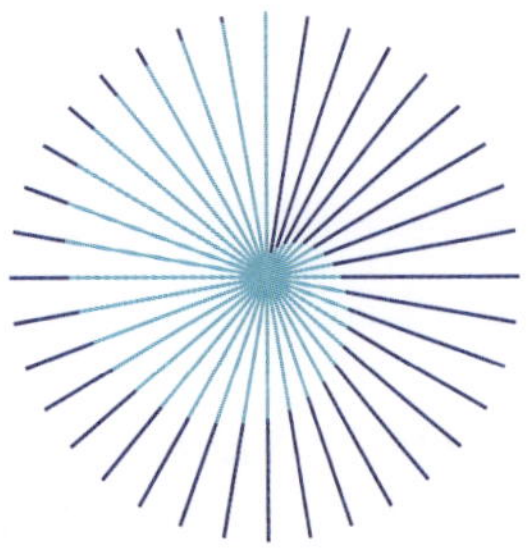

Modifier l'incrément

L'instruction `variable += nombre` permet d'incrémenter la valeur de la variable d'une quantité fixe. Qu'en est-il si l'on souhaite incrémenter la variable d'une quantité légèrement supérieure à chaque étape ? Pour cela, il faut utiliser deux variables que l'on modifie à chaque étape. On incrémente la valeur de la première variable d'une quantité fixe à chaque étape et on incrémente ensuite la deuxième variable de la valeur stockée dans la première.

Exemple 7

Le programme de cet exemple dessine une spirale en allongeant légèrement le segment dessiné à chaque étape. La nouveauté est en l'occurrence que c'est la différence de longueur entre deux segments successifs qui augmente à chaque fois.
Le tableau temporel ci-dessous relève lors de chaque parcours de la boucle la valeur de la variable cote entre les lignes 7 et 8 du programme.

```
1  from gturtle import *
2
3  def spirale(n, cote, difference):
4      repeat n:
5          forward(cote)
6          right(60)
7          cote += difference
8          difference += 1
9
10 makeTurtle()
11 spirale(20, 10, 1)
```

Tableau temporel de `spirale`						
i^{ème} parcours de la boucle	1	2	3	4	…	20
n	20	20	20	20	20	20
cote	10	11	13	16	…	210
difference	1	2	3	4	…	20

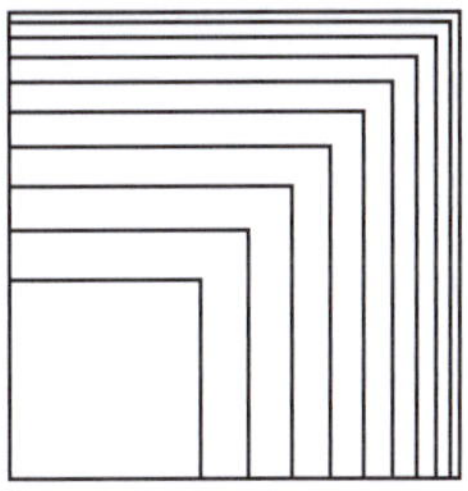

16 Développez un programme qui dessine des carrés toujours plus grands (voir illustration de gauche). Le premier carré mesure 40 de côté. Le deuxième carré mesure 50 de côté. le troisième 59, le quatrième 67, le cinquième 74. Le dixième et plus grand carré mesure 94 de côté.

17 Développez un programme qui affiche une suite de nombres. Le premier nombre est 1, le deuxième est de 3 plus grand que le premier, le troisième est de 5 plus grand que le deuxième, le quatrième est de 7 plus grand que le troisième, etc.

Nouveaux concepts et éléments de langage Python

variable = valeur
Si l'on utilise une affectation `variable = valeur` au sein du corps d'une commande, on attribue un nom à une variable et on lui affecte une valeur. Il n'est dès lors pas nécessaire de spécifier le nom de cette variable entre parenthèses lors de la définition de la commande avec **`def`**. En effet, lorsqu'on affecte une valeur à une variable au sein d'une commande, l'ordinateur va automatiquement s'occuper de créer cette variable en insérant la ligne correspondante dans le tableau de variables sans que le programmeur ait à s'en préoccuper.

Exemple 8

Au lieu d'affecter une valeur à une variable, il est également possible de lui affecter le résultat d'une expression arithmétique comme `somme = x + y`. Prenez le temps d'étudier le programme ci-dessous ainsi que le tableau temporel durant son exécution.

```
def calcule(x, y):
    somme = x + y
    print somme
calcule(3, 11)
```

Tableau de `calcule`	
x	3
y	11

devient

Tableau de `calcule`	
x	3
y	11
somme	14

18 Développez une commande `calcule(x)` qui crée une nouvelle variable **resultat** à partir de la valeur du paramètre **x** et de l'expression arithmétique $2x^2 - 3x + 1$. La commande doit afficher la valeur de la variable **resultat** avec `print`.

Exemple 9

Le programme ci-dessous calcule la somme de tous les nombres naturels de 1 à 100. On utilise pour ce faire la variable somme et une variable supplémentaire x. La variable x prend successivement les valeurs 1, 2, 3, 4, ... Étudiez le programme et le tableau temporel correspondant et essayez de comprendre ce que fait le programme. Notez que le tableau de variables correspond à une observation entre les lignes 3 et 4.

```
1 somme = 0
2 x = 1
3 repeat 100:
4     somme += x
5     x += 1
6 print somme
```

Tableau temporel							
$i^{ième}$ parcours de la boucle	1	2	3	4	5	6	…
somme	0	1	3	6	10	15	…
x	1	2	3	4	5	6	…

Exemple 10

Que vaut la somme des dix premiers carrés parfaits ? On peut aussi répondre à cette question en utilisant l'ordinateur. Au lieu d'ajouter chaque fois x à la variable somme, on commence par calculer le carré de x avant d'effectuer l'addition.
Remarquez la différence par rapport à l'exemple 9 :

```
somme = 0
x = 1
repeat 10:
    carre = x*x
    somme += carre
    x += 1
print somme
```

19 Écrivez un programme qui calcule la somme des 10 premiers cubes $x^3 = x \cdot x \cdot x$, à savoir $1 + 8 + 27 + \ldots + 1000$. Contrôlez que votre programme fournisse la bonne réponse 3025.

20 À l'exercice 11, vous avez calculé le nombre de grains de riz à placer sur la dernière case d'un échiquier si l'on double pour chaque case le nombre de grains de riz par rapport à la case précédente et si l'on pose un grain sur la première case.
Combien cela fait-il de grains de riz au total sur l'ensemble des cases ? Écrivez un programme qui calcule le nombre total de grains de riz se trouvant sur l'ensemble des 64 cases de l'échiquier.

21 Déterminez les neuf nombres affichés à l'écran par le programme ci-dessous. Donnez d'abord la réponse sans exécuter le programme sur l'ordinateur.

```
x = 1
nombre = 0
repeat 9:
    nombre *= 10
    nombre += x
    print nombre,
```

Ce que vous avez appris

Dans un programme ou une commande, il est également possible d'avoir recours à plusieurs variables dont la valeur change durant l'exécution du programme. Même l'incrément dans `variable += increment` peut être une variable dont la valeur change.
Cela permet notamment de calculer des sommes. Il est toujours possible d'affecter une valeur à une variable à l'aide d'une affectation `variable = valeur`. Le nom de la variable doit toujours se situer à gauche de l'opérateur d'affectation =.

Résumé

Les variables sont appelées ainsi parce que leur valeur peut changer (varier) au cours de l'exécution du programme. Les variables dont les valeurs sont définies lors de l'appel d'une commande et qui ne changent plus sont appelées **paramètres**. Les instructions telles que `x += nombre`, `x -= nombre`, `x *= nombre` et `x /= nombre` permettent de modifier la valeur de la variable **x**.
Lors de chaque exécution du programme, un ordinateur crée un tableau indiquant la valeur prise par chaque variable à instant donné. Si une variable n'existe pas encore dans ce tableau, l'instruction `x = nombre` va y insérer une nouvelle variable ayant la valeur « nombre ». En revanche, si elle y existe déjà, sa valeur actuelle sera remplacée par la valeur indiquée par `nombre`.
On peut incrémenter de `nombre` la valeur de la variable **x** avec `x += nombre`.
Pour documenter l'exécution d'un programme, on peut utiliser un tableau temporel relevant toutes les valeurs successivement prises par une variable au cours de l'exécution du programme. L'ordinateur ne possède cependant pas cette vision d'ensemble et ne connaît à chaque instant qu'une seule valeur pour chacune des variables. L'ordinateur ne peut donc pas se souvenir des valeurs qu'une variable possédait auparavant.
Les variables sont très souvent utilisées pour calculer des sommes. Pour ce faire, on commence par créer une nouvelle variable avec la valeur initiale 0 et on y accumule ensuite les uns après les autres les termes avec `somme += nombre` au sein d'une boucle `repeat`.

Auto-évaluation

Concepts et éléments de langage Python

1. Que peut-on faire avec les variables qu'il n'est pas possible de faire avec les paramètres ?
2. Pourquoi les variables sont-elles appelées « variables » ?
3. Quelle est la différence entre une variable et un paramètre ?
4. Comment l'ordinateur connaît-il la valeur que possède une variable ? Comment l'ordinateur fait-il pour se souvenir de la valeur de chaque variable ?
5. Combien de valeurs une variable peut-elle posséder simultanément dans le tableau de variables ? Y a-t-il des cas où une variable possède simultanément deux valeurs différentes dans le tableau ?
6. Avec quelle instruction peut-on incrémenter la valeur d'une variable d'une quantité fixe ?
7. Quelles sont les deux instructions permettant de doubler la valeur d'une variable ?

Exercices

1 Utilisez l'ordinateur pour générer la liste des 20 premiers carrés parfaits à partir de 1. Faites de même pour la liste des 20 premiers cubes parfaits.

2 Développez un programme qui dessine une tour formée de 4 carrés. Le premier carré a des côtés de longueur 128. Le deuxième mesure 64 de côté et le troisième 32. La mesure des côtés est divisée par deux à chaque étage.

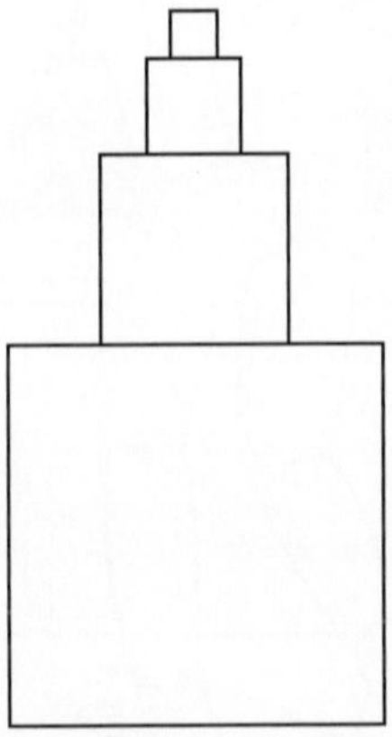

3 Développez un programme qui dessine la figure de l'illustration ci-dessous. Un triangle est à chaque fois deux fois plus petit que le précédent. Le plus grand triangle mesure 256 de côté.

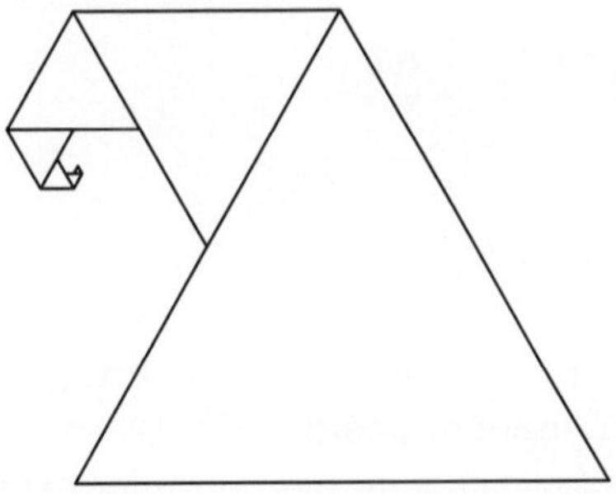

4 **Projet :** Calculez la somme 32 + 16 + 8 + 4 + 2 + 1 + 0,5 + 0,25. Développez un petit programme qui calcule la somme de ces nombres. Il s'agit de commencer avec l'entier 32 et de diviser ensuite par deux chaque terme à additionner. Que se passe-t-il si l'on n'additionne pas uniquement 8 termes mais 10, 20, 40 ou 80 ? Pouvez-vous déterminer une bonne borne supérieure pour cette somme si l'on additionne un nombre quelconque de termes ?

6 Branchements et boucles conditionnelles

Les programmes réalisés jusqu'à présent sont limités à une seule tâche concrète. Ils peuvent certes accomplir une certaine diversité de tâches en utilisant des paramètres pour modifier la taille ou la forme des objets géométriques dessinés, mais ces tâches demeurent au fond déterminées à l'avance. En effet, ces programmes ne peuvent pas choisir d'effectuer une tâche différente en fonction de la valeur des paramètres.

Dans la vie réelle, nous devons souvent prendre des **décisions**. S'il pleut dehors, on enfile une veste imperméable et sinon, on prend une veste plus légère. Si un étudiant obtient une note médiocre à la dernière évaluation, il étudiera sans doute mieux pour la prochaine. Il vaut mieux qu'un robot aspirateur soit programmé pour se concentrer sur les endroits les plus sales au lieu de passer son temps à nettoyer les endroits déjà propres.

L'informatique cherche à automatiser les tâches humaines. Pour les humains, il est utile et sensé de se demander si une tâche est appropriée et convient à la situation avant de passer à l'action. Les humains prennent souvent des décisions avant d'effectuer une action. Il est donc très important d'intégrer cette capacité à prendre des décisions dans les langages de programmation.

Dans ce chapitre, vous allez apprendre à écrire des programmes capables de prendre des décisions en choisissant entre différentes tâches en fonction de la valeur prise par les variables.

Fournir des valeurs lors de l'exécution

Nous avons déjà vu comment définir une commande `polygone(n, cote)` pour dessiner n'importe quel polygone régulier. Au lieu de fournir des valeurs concrètes aux paramètres de la commande `polygone`, on pourrait permettre à l'utilisateur de saisir les valeurs pour **n** et **cote** lors de l'exécution du programme, après qu'il a déjà été lancé. Pour ce faire, on utilise la commande `input` comme suit :
variable `= input("Question").`

Exemple 1

Le programme de cet exemple dessine trois polygones. Ni le nombre de côtés ni leur longueur ne figurent dans le code. Lorsqu'on exécute ce programme, il utilise la commande `input` pour demander à l'utilisateur de saisir le nombre de côtés et le périmètre du polygone qu'il souhaite dessiner.

```
from gturtle import *

def polygone(n, cote):
    repeat n:
        forward(cote)
        right(360 / n)

def dessine_polygone():
    nb_cotes = input("Nombre de côtés : ")
    perimetre = input("Mesure du périmètre : ")
    polygone(nb_cotes, perimetre / nb_cotes)

makeTurtle()
dessine_polygone()
dessine_polygone()
dessine_polygone()
```

Ici, l'ordinateur attend un nombre qu'il va ensuite stocker dans la variable **nb_cotes**.

Nouveaux concepts et éléments de langage Python

- `x = input("Question")`
  Si vous affectez `input("Question")` à une variable, l'ordinateur demande de saisir une valeur pour cette variable dès qu'il exécute la ligne en question. Pour ce faire, l'ordinateur montre une petite fenêtre contenant la question indiquée et un champ permettant de saisir la valeur demandée. Pour l'ordinateur, il n'y a aucune différence si l'on spécifie directement la valeur de la variable dans le programme avec `nb_cotes = 5` ou si l'on spécifie sa valeur lors de l'exécution avec `nb_cotes = input("Nombre de côtés : ")` en la saisissant au clavier. Dans les deux cas, la variable **nb_cotes** aura la valeur 5.

Exemple 2 **Au lieu de saisir un nombre, il est également possible de saisir un nom propre ou une chaîne de caractères quelconques. Dans l'exemple ci-dessous, l'ordinateur demande à l'utilisateur comment il s'appelle et stocke la réponse dans la variable prenom. Il le salue ensuite par son prénom.**

```
prenom = input("Quel est votre prénom?")
print "Bonjour", prenom
```

1 Développez un programme qui vous demande combien de maisons vous voudriez. Dès que vous avez saisi un nombre, le programme dessine autant de maisons que vous lui avez demandées. Pour chaque maison, l'ordinateur demande la largeur qu'elle doit avoir.

2 Développez un programme qui vous demande de saisir un mot et qui l'écrit ensuite 100 fois dans la fenêtre de sortie. Il doit afficher 10 lignes contenant chacune 10 fois le mot saisi.

Ce que vous avez appris

En plus de pouvoir spécifier la valeur d'une variable lors de la rédaction du programme, on peut également utiliser la commande `input("Question")` pour indiquer à l'ordinateur qu'il doit attendre l'exécution du programme pour lire la valeur depuis le clavier lors de l'exécution de la commande `input("Question")`.

Exécuter des commandes si...

Vous avez vu comment entrer votre prénom dans le programme lors de son exécution. L'ordinateur doit cependant encore être capable de vous reconnaître et de réagir de manière appropriée. On utilise pour ce faire l'instruction `if`. Celle-ci teste si une condition est remplie ou non. « if » est le mot anglais pour « si ».

Exemple 3

Lisa a programmé son ordinateur de telle sorte qu'il la reconnaisse et la salue si elle se présente en tant que Lisa. Toutes les autres personnes sont simplement ignorées. Comment cela fonctionne-t-il ?
Avec le `if`, l'ordinateur vérifie si la valeur de la variable prenom correspond exactement à la chaîne de caractères « Lisa ». Ce n'est qu'à cette condition qu'il va exécuter le code indenté et écrire une salutation dans la fenêtre de terminal.

```
prenom = input("Quel est votre prénom?")
if prenom == "Lisa":
    print "Bonjour Lisa!"
    print "Quel plaisir de vous revoir!"
```

Ne vous contentez pas de tester cet exemple mais écrivez votre propre programme de salutation. Notez bien que le deux-points à la fin du `if` est indispensable.

Gaston, le frère de Lisa, utilise également l'ordinateur et doit également être salué par l'ordinateur. Le programme serait alors étendu de la manière suivante :

```
prenom = input("Quel est votre prénom?")
if prenom == "Lisa":
    print "Bonjour Lisa!"
    print "Quel plaisir de vous revoir!"
if prenom == "Gaston":
    print "Bonjour Gaston,"
    print "Quel plaisir de vous retrouver!"
```

Que se passe-t-il dans ce programme ? L'ordinateur demande tout d'abord le prénom de l'utilisateur avec `input` et stocke la réponse dans la variable prenom. Ensuite, il vérifie si le prénom saisi correspond exactement à « Lisa ». Si ce n'est pas le cas, il ignore tout ce qui est indenté sous le `if name == "Lisa":`. Finalement, il vérifie si le nom saisi est « Gaston ». Si c'est le cas, il salue Gaston et dans le cas contraire, il ignore à nouveau toutes les instructions indentées.

Nouveaux concepts et éléments de langage Python

- `if` **condition :**
  Après le mot-clé `if`, on indique la condition que l'ordinateur doit vérifier. Par exemple, `if x < 5` vérifie si la valeur de **x** est strictement inférieure à 5. `if y >= 7` vérifie si **y** est supérieure ou égale à 7. Après la condition, il y a toujours un deux-points. En dessous de cette première ligne se trouvent de manière indentée les instructions que l'ordinateur doit exécuter si la condition est vérifiée. Si la condition n'est pas vérifiée, l'ordinateur ignore simplement toutes les instructions indentées.
- `if` **variable** `== valeur` **:**
  Pour comparer une variable avec une valeur, il faut utiliser l'opérateur double égal ==. Si la valeur à laquelle est comparée la variable est un texte, il faut l'indiquer entre guillemets doubles droits. Si la valeur est un nombre, il ne faut pas mettre les guillemets doubles.
- `if` **variable** `!= valeur` **:**
  Pour vérifier si la valeur d'une variable est différente d'une certaine valeur, il faut utiliser l'opérateur de comparaison != au lieu de ==.

3 Développez un programme qui vous demande d'abord comment vous allez. Si vous saisissez « bien », le programme répond par « Cela me réjouit ». Si vous saisissez « pas terrible », le programme répond par « Cela me fait de la peine ».

4 Développez un programme qui dessine un hexagone en couleur. Il commence par demander quelle couleur vous désirez utiliser. Vous pouvez répondre par « Jaune », « Rouge », « Bleu » ou « Vert ». Le programme teste ensuite la couleur que vous avez saisie et dessine l'hexagone dans la couleur souhaitée.

5 Développez un programme qui vous demande ce qu'il doit dessiner. Si vous répondez par « arbre », il dessine un arbre. Si vous répondez par « étoile », il dessine une étoile.

Exemple 4

La commande `dessine_polygone()` de l'exemple 1 dessine un polygone régulier quelconque. L'utilisateur peut lui-même indiquer le nombre de côtés qu'il doit avoir. Il n'existe cependant pas de polygone possédant moins que trois côtés. De ce fait, on a modifié le programme de telle manière qu'il vérifie d'abord que le nombre de côtés saisi soit raisonnable. Il ne dessine le polygone que si le nombre de côtés est strictement supérieur à deux. Étudiez le programme. Que signifie `if nb_cotes > 2:` à la ligne 9 ? Complétez le programme et exécutez-le.

```
from gturtle import *

def dessine_polygone():
    nb_cotes = input("Combien de côtés?")
    if nb_cotes == 1:
        print "Impossible de dessiner un 1-gone."
    if nb_cotes == 2:
        print "Impossible de dessiner un 2-gone."
    if nb_cotes > 2:
        perimetre = input("Que vaut le périmètre?")
        polygone(nb_cotes, perimetre / nb_cotes)

makeTurtle()
dessine_polygone()
```

6 Développez un programme qui dessine un cercle de périmètre quelconque en prenant une décision pour dessiner le cercle le plus rapidement et le mieux possible : s'il s'avère que le périmètre est inférieur à 720, votre programme doit dessiner un 36-gone et, dans le cas contraire, le programme doit dessiner le cercle comme un 360-gone.

Exemple 5

Lisa souhaiterait adapter son programme de l'exemple 3 de telle sorte qu'il réagisse également si quelqu'un qui ne s'appelle pas Lisa se connecte. Pour cela, elle utilise la comparaison `prenom != "Lisa"`.

```
prenom = input("Quel est votre prénom?")
if prenom == "Lisa":
    print "Bonjour Lisa!"
    print "Quel plaisir de vous revoir!"
if prenom != "Lisa":
    print "Je ne vous connais pas!"
```

7 Développez un petit programme de quiz. Il commence par poser une question et vérifie ensuite si la réponse est correcte ou non. Si elle est correcte, il affiche « exact » et, dans le cas contraire, il affiche « faux ». Écrivez le programme pour qu'il pose au moins trois questions. Après chaque question, le programme vérifie d'abord si la réponse est correcte avec un `if` et n'affiche la prochaine question qu'ensuite.
Le programme peut également faire dans une variable le décompte des réponses correctes qui ont été saisies jusqu'à présent.

Ce que vous avez appris

L'ordinateur vérifie si une condition est satisfaite avec l'instruction `if`. La plupart du temps, il compare une variable avec une valeur. Avec `x == 1`, on vérifie si x possède la valeur 1 et avec `x != 1`, on vérifie si x est différent de 1. Si la condition est remplie, l'ordinateur exécute les instructions indentées sous le `if` et il les ignore dans le cas contraire.

Choisir entre deux options

L'instruction `if` permet de dire à l'ordinateur qu'il ne doit exécuter le bloc d'instructions que si la condition du `if` est satisfaite. Si la condition n'est pas satisfaite, l'ordinateur ignore le corps de l'instruction `if`.
Il est possible d'indiquer directement ce que l'ordinateur doit faire si la condition d'une instruction `if` n'est pas satisfaite. Pour cela, il faut utiliser l'instruction `else`.
Le mot «else» est le mot anglais pour dire «sinon».

Exemple 6

Le programme ci-dessous est similaire à celui de l'exemple 5. Au lieu de vérifier si le nom est différent de Lisa avec `if prenom != "Lisa":` , on spécifie directement ce que l'ordinateur doit faire si la condition `prenom == "Lisa"` n'est pas satisfaite.

```
prenom = input("Quel est votre prénom?")
if prenom == "Lisa":
    print "Bonjour Lisa!"
    print "Quel plaisir de vous revoir!"
else:
    print "Je ne vous connais pas!"
```

Avec une structure `if-else`, l'ordinateur choisit une option parmi deux. Lorsque la condition du `if` est satisfaite, il exécute les instructions du corps de l'instruction `if`. Si ce n'est pas le cas, il exécute le corps de l'instruction `else`.

Nouveaux concepts et éléments de langage Python

- **`else`:**
  Après une instruction `if`, on peut spécifier avec l'instruction `else` ce que l'ordinateur doit faire si la condition du `if` n'est pas satisfaite. L'ordinateur exécute soit le corps de l'instruction `if` soit celui de l'instruction `else`. Il exécute donc toujours l'un ou l'autre des deux blocs d'instructions mais jamais tous les deux ni aucun des deux.

Jusqu'à présent, nous avons dû utiliser deux instructions `if` lorsque l'ordinateur devait choisir entre deux options mutuellement exclusives. Il est cependant bien plus clair et compréhensible d'écrire cela avec une structure `if-else`, ce qui permet d'ailleurs de n'indiquer la condition qu'une seule fois. Les deux bouts de programme ci-dessous ont exactement le même effet. L'utilisation du `else` permet cependant de rendre plus explicite le fait que l'ordinateur ne va exécuter que l'une des deux options.

```
if x > 0:
    print x, "est positif"
if x <= 0:
    print x, "n'est pas positif"
```

```
if x > 0:
    print x, "est positif"
else:
    print x, "n'est pas positif"
```

Exemple 7

On veut développer un programme qui détermine et affiche toujours le plus petit et le plus grand parmi trois nombres a, b et c. On utilise pour cela la stratégie suivante : on compare pour commencer les deux premiers nombres a et b. On stocke le plus grand des deux dans la variable maximum et le plus petit dans la variable minimum.
Si le troisième nombre c est inférieur au minimum de a et b, alors c est le minimum.
Si le troisième nombre c est supérieur au maximum de a et b, alors c est le maximum des trois nombres.
On combine ces trois blocs d'instructions dans une commande `minmax(a, b, c)`:

```
def minmax(a, b, c):
    if a < b:
        minimum = a
        maximum = b
    else:
        minimum = b
        maximum = a
    if c < minimum:
        minimum = c
    if c > maximum:
        maximum = c
    print minimum, maximum

minmax(5, 3, 17)
```

8 Développez un programme qui détermine et affiche le plus petit et le plus grand nombre parmi cinq paramètres a, b, c, d et e. Commencez par réfléchir comment adapter la stratégie de l'exemple précédent à cinq valeurs. Testez votre programme avec différentes valeurs et vérifiez qu'il affiche toujours la plus petite et la plus grande d'entre elles.

9 Développez un programme qui trie de manière croissante trois nombres donnés. Il ne détermine donc pas uniquement le plus petit et le plus grand nombre mais également celui qui se trouve au milieu.

Ce que vous avez appris

L'ordinateur n'exécute le corps de l'instruction `if` que si la condition donnée est satisfaite. L'instruction `else` permet d'indiquer ce qui doit se passer si la condition du `if` n'est pas satisfaite. La structure `if-else` permet donc de choisir entre deux tâches alternatives à exécuter.

Conditions dans les boucles

Si l'on utilise une instruction conditionnelle `if` dans le corps d'une boucle, l'ordinateur revérifie à chaque répétition de la boucle que la condition est satisfaite.

Exemple 8

On aimerait développer un programme qui fait plusieurs fois de suite avancer la tortue de 10 pas dans une direction donnée. Avant qu'elle ne démarre, la tortue doit à chaque fois demander la direction du déplacement avec `input()`.
On indique à chaque fois si elle doit se déplacer vers la droite, vers la gauche ou aller tout droit. On indique avec `repeat 5:` que la tortue doit demander cinq fois la direction, puis effectuer le déplacement correspondant.

```
from gturtle import *

makeTurtle()
hideTurtle()
repeat 5:
    chemin = input("Direction : (d/g/a)?")
    if chemin == "d":
        right(90)
        forward(10)
    if chemin == "g":
        left(90)
        forward(10)
    if chemin == "a":
        forward(10)
```

10 Modifiez le programme de l'exemple 8 pour que la tortue ne se tourne que de 45° vers la gauche ou la droite pour g ou d et avance de 10 pas dans la direction en question.

11 Développez un programme qui dessine sept carrés pleins juxtaposés mesurant tous 50 de côté. Avant de dessiner un carré, le programme doit demander à l'utilisateur d'indiquer la couleur du prochain carré de manière similaire à l'exemple 4. Utilisez pour ce programme une boucle selon le même schéma que dans l'exemple 8.

Exemple 9

Dans ce programme, la tortue doit dessiner une ligne colorée en alternant toujours entre les trois couleurs jaune, orange et rouge. À chaque répétition de la boucle, le programme doit utiliser la prochaine couleur.

Comment cela a-t-il été réalisé ? Au sein de la boucle, on incrémente à chaque fois la valeur de la variable couleur de 1. Dès que la variable couleur atteint la valeur 4, elle est remise à 1 (lignes 6 à 8). De ce fait, la variable couleur parcourt successivement les valeurs 1, 2, 3, 1, 2, 3, 1, 2, 3, etc.

```
1  from gturtle import *
2  makeTurtle()
3  setPenWidth(4)
4  couleur = 0
5  repeat 9:
6      couleur += 1
7      if couleur == 4:
8          couleur = 1
9      print couleur,
10     if couleur == 1:
11         setPenColor("yellow")
12     if couleur == 2:
13         setPenColor("orange")
14     if couleur == 3:
15         setPenColor("red")
16     forward(15)
```

12 Développez un programme qui dessine une ligne avec les couleurs suivantes : jaune, rouge, violet, bleu et vert. Les couleurs sont alternées selon le même principe que dans l'exemple ci-dessus.

13 Développez un programme qui double de manière répétée la valeur d'une variable **x**. Au début, la valeur de x est 1 et dès que sa valeur est supérieure à 100, elle est remise à 1. Sinon, le programme double x et affiche sa valeur. Votre programme va donc afficher les nombres 1, 2, 4, 8, 16, … à l'écran. Utilisez une boucle qui répète ce processus 25 fois comme dans l'exemple.

14 Développez un programme qui multiplie de manière répétée la valeur d'une variable **x** par un nombre **a**. La valeur **a** est lue au début de l'exécution du programme avec la commande `input()`. Votre programme doit ensuite déterminer la plus petite valeur de **x** supérieure à 1000 et l'afficher à l'écran. Si **a** vaut 2, alors 1024 serait la plus petite valeur de **x** supérieure à 1000.

Diviseurs et nombres premiers

On dit que 6 est un diviseur de 18 car 18 est divisible sans reste par 6. Quels sont les autres diviseurs de 18 ? Si l'on en fait la liste complète, on obtient 1, 2, 3, 6, 9, 18.
Il existe aussi des nombres qui ne possèdent que deux diviseurs. 17 n'est par exemple divisible que par 1 et par 17. Un tel nombre est appelé nombre premier.
Lorsque les nombres possèdent plusieurs diviseurs, il est fastidieux de tous les écrire à la main. On préfère donc se servir de l'ordinateur pour en dresser la liste. Dans cette section, nous allons apprendre à programmer l'ordinateur pour qu'il dresse lui-même la liste de tous les diviseurs d'un nombre naturel quelconque.

Exemple 10 A

Comment trouver tous les diviseurs de 12 ? On peut procéder par essais successifs : est-il divisible par 1 ? par 2 ? par 3 ? etc. On essaie donc de diviser 12 par tous les nombres entiers entre 1 et 12. Pour chaque nombre candidat, on vérifie s'il est un diviseur de 12. Si candidat est un diviseur, la division 12/candidat est un nombre entier. TigerJython permet de vérifier avec `if isInteger(12 / 5)` si 12 divisé par 5 est un nombre entier et, de ce fait, si 5 est un diviseur de 12. « Integer » est le mot anglais pour « nombre entier ».
Exécutez le programme et modifiez-le pour qu'il affiche tous les diviseurs de 15.

```
candidat = 1
repeat 12:
    if isInteger(12 / candidat):
        print candidat,
    candidat += 1
```

Exemple 10 B

On souhaite demander à l'ordinateur de compter le nombre de diviseurs de 12 au lieu d'en faire la liste. Observez le programme exemple pour comprendre comment on compte le nombre de diviseurs. On utilise une variable decompte. À chaque fois que 12 est divisible par candidat, la valeur de decompte est augmentée de 1. Remarquez avant tout la différence entre les lignes 5 et 6. La ligne 5 est indentée sous le `if`. La valeur de decompte n'est donc augmentée de 1 que si la condition `isInteger(12 / decompte)` est satisfaite. La ligne 6 n'est pas indentée sous le `if` et la valeur de candidat est donc incrémentée lors de chaque passage à travers la boucle.

```
1 candidat = 1
2 decompte = 0
3 repeat 12:
4     if isInteger(12 / candidat):
5         decompte += 1
6     candidat += 1
7 print "12 possède", decompte, "diviseurs."
```

15 Développez une commande `est_premier` (**nombre**) qui détermine si **nombre** est un nombre premier. Si c'est le cas, elle doit afficher à l'écran le message « **nombre** est premier ». Sinon, elle doit afficher « **nombre** n'est pas premier ».

16 Développez une commande `affiche_premier` (**nombre**) qui affiche le nombre dans la fenêtre de sortie s'il est premier. Si **nombre** n'est pas premier, la commande n'affiche rien.
Utilisez la commande `affiche_premier` (**nombre**) pour dresser la liste de tous les nombres premiers entre 1 et 99. Quel est le plus gros nombre premier inférieur à 100 ?

Ce que vous avez appris

On peut utiliser l'instruction `if` dans le corps d'une boucle. Dans ce cas, l'ordinateur vérifie si la condition est satisfaite à chaque répétition de la boucle. Cela est très utile lorsqu'il faut vérifier une condition pour chaque nombre compris dans un intervalle donné.

Opérateurs logiques

L'instruction `if` permet de vérifier si une certaine condition est satisfaite. Si c'est le cas, l'ordinateur exécute le corps de l'instruction `if`. Parfois, on souhaite que le corps soit exécuté lorsque la condition n'est pas satisfaite ou lorsque deux conditions sont satisfaites simultanément. Comment exprimer cela en Python ?

Négation

Le contraire de l'affirmation « x est différent de 10 » est « x est égal à 10 ».
Le contraire de l'affirmation « La jeune fille s'appelle Sophie » est « La jeune fille ne s'appelle pas Sophie ». Le contraire de « $x > 10$ » est « $x \leq 10$ ». Au lieu d'utiliser l'expression « contraire », on préfère parler de « négation ». On dit donc que « $x < 20$ » est la négation de l'affirmation « $x \geq 20$ ».

17 L'affirmation « $x < 2$ » n'est pas la négation de « $x > 2$ ». Expliquez pourquoi.

18 Pour chacune des affirmations ci-dessous, notez sa négation.

A $x \geq 1$
B « x est un nombre négatif »
C « la variable **nom** a pour valeur 'rouge' »
D « au moins deux êtres humains sont assis dans la voiture »
E « l'armoire est vide »
F « le programme est écrit de manière erronée »
G « Le nombre de jeunes dans la classe est exactement de 22 »
H « demain, il fera au moins 24°C à Lausanne »

19 Transformez la condition dans l'instruction `if` en sa négation.

A `if x >= 3:`
B `if nombre < 0:`
C `if a > b:`
D `if couleur == "rouge":`

20 Les deux programmes ci-dessous font-ils la même chose ? Justifiez votre hypothèse et vérifiez-la en exécutant chaque commande pour différentes valeurs de x.

```
def test_1(x):
    if x == 0:
        print "x est nul"
    else:
        print "n'est pas nul"
```

```
def test_2(x):
    if x != 0:
        print "x n'est pas nul"
    else:
        print "x est nul"
```

Exemple 11

L'appel `isInteger(x / 7)` permet de tester si la division x / 7 donne un nombre entier. Si cette condition est satisfaite, alors x est divisible par 7. Comment tester si la valeur de x n'est pas divisible par 7 ? Il faut pour cela utiliser le mot-clé `not` de Python, le mot anglais signifiant « ne… pas ».
Le programme ci-dessous affiche à l'écran tous les nombres entre 1 et 30 qui ne sont pas divisibles par 7. Remarquez le mot-clé `not` entre le `if` et la condition. Il fait en sorte que le corps de l'instruction `if` ne soit exécuté que si la condition n'est pas satisfaite.

```
x = 1
repeat 30:
    if not isInteger(x / 7):
        print x,
    x += 1
```

Nouveaux concepts et éléments de langage Python

- **`if not` condition :**
  Pour une condition donnée, `if not` permet de tester si la condition n'est pas satisfaite. Le corps de l'instruction `if not` n'est exécuté que si la condition n'est pas satisfaite.
  Par exemple, pour `if not x > 0:`, le corps n'est exécuté que si **x** n'est pas supérieur à zéro.

21 Développez un programme qui affiche à l'écran tous les nombres compris entre 1 et 24 qui ne sont pas des diviseurs de 24.

22 Développez un programme qui affiche à l'écran tous les carrés parfaits qui ne sont pas supérieurs à 100.

Tables de vérité

On peut combiner les affirmations A et B à l'aide des opérateurs logiques « et » et « ou » pour créer des affirmations plus complexes. Afin de représenter toutes les combinaisons d'affirmations possibles, on utilise des **tables de vérité**. Pour deux affirmations A et B, il y a exactement 4 combinaisons possibles dans la table de vérité :

1. Les deux affirmations A et B sont vraies.
2. A est vraie et B n'est pas vraie.
3. A n'est pas vraie et B est vraie.
4. Les deux affirmations A et B ne sont pas vraies.

À chacune de ces combinaisons possibles correspond une ligne de la table de vérité :

Affirmation A	Affirmation B
vraie	vraie
vraie	fausse
fausse	vraie
fausse	fausse

combinaison →

A **ou** B	A **et** B
vraie	vraie
vraie	fausse
vraie	fausse
fausse	fausse

Les deux premières colonnes listent toutes les combinaisons possibles entre les valeurs de vérité des affirmations A et B. La troisième colonne interprète les deux premières colonnes pour l'opération logique « A **ou** B » qui est vraie dans tous les cas pour lesquels au moins l'une des deux affirmations est vraie. Ce n'est donc que lorsque les deux conditions A et B sont fausses (dernière ligne) que l'affirmation « A ou B » est fausse. La quatrième colonne interprète les deux premières colonnes pour l'opérateur logique « A **et** B ». L'affirmation « A et B » n'est vraie que si les deux affirmations A et B sont vraies, à savoir dans la première ligne, et fausse dans tous les autres cas.

23 Soit A l'affirmation « $x > 3$ » et B l'affirmation « $x \leq 0$ ».
Pour quelles valeurs de x l'affirmation « A ou B » est-elle vraie ? Pour quelles valeurs de x l'affirmation « A et B » est-elle vraie ?
Déterminez tous les nombres dans chacun des cas.

Combiner des conditions

Jusqu'à présent, nous avons toujours utilisé des instructions `if` ne testant qu'une seule condition. Il peut cependant arriver que l'on veuille combiner deux conditions. Cela pourrait être le cas avec un programme de quiz comprenant des questions admettant deux réponses correctes. Dans ce cas, l'ordinateur doit exécuter le corps de l'instruction `if` si l'une ou l'autre des bonnes réponses a été donnée.

Exemple 12

Un quiz demande de citer le nom d'une planète du système solaire qui orbite à moins de 120'000'000 km du soleil. Il y a deux réponses correctes : Mercure et Vénus.
Pour dire à l'ordinateur que la valeur de la variable saisie peut être Mercure ou Vénus, on utilise le mot-clé `or` qui signifie « ou » en anglais.

```
reponse = input("Nommez une planète du système " +
    "solaire à moins de 120'000'000 km du soleil.")
if saisie == "Mercure" or saisie == "Vénus":
    print "Juste"
```

Au début, la tentation est grande d'essayer de raccourcir la condition en écrivant `if saisie == "Mercure" or "Vénus":` car cette manière d'écrire imite la manière de s'exprimer en français. Cela ne fonctionne malheureusement pas comme on pourrait le penser. Le mot-clé `or` combine toujours deux conditions en Python. Or, il se trouve que le texte `"Vénus"` n'est en rien une condition. En effet, on ne peut pas tester si `"Vénus"` est vrai. Ce n'est que lorsqu'on vérifie si la variable **saisie** possède la valeur `"Vénus"` qu'il s'agit d'une condition.

Nouveaux concepts et éléments de langage Python

- **`if` condition1 `or` condition2 :**
  Lorsqu'on combine deux conditions avec l'opérateur logique `or` (ou) dans une instruction `if`, l'ordinateur n'exécute le corps du `if` que si au moins l'une des deux conditions est vraie. Il sera donc également exécuté si les deux sont vraies.
- **`if` condition1 `and` condition2 :**
  Lorsqu'on combine deux conditions avec l'opérateur logique `and` (et) dans une instruction `if`, l'ordinateur n'exécute le corps du `if` que si toutes les deux conditions sont vraies.
- **`if` condition1 `and not` condition2 :**
  Lorsqu'on combine deux conditions avec `and not` dans une instruction `if`, l'ordinateur n'exécute le corps du `if` que si uniquement la première condition est vraie mais pas la deuxième. Cela fonctionne car `not` **condition2** est aussi une condition valide.

Exemple 13

On définit une commande `rectangle(a, b)` qui dessine un rectangle dont les côtés mesurent a et b. Ce rectangle ne doit cependant être dessiné que si les deux côtés mesurent au moins 10 : le côté a doit mesurer au moins 10 et le côté b doit mesurer au moins 10. Dans le cas contraire, le programme doit simplement afficher que l'un des côtés au moins est trop petit.

```
def rectangle(a, b):
    if a >= 10 and b >= 10:
        repeat 2:
            forward(a)
            right(90)
            forward(b)
            right(90)
    else:
        print "Au moins un côté est trop court"
```

24 Complétez le programme de l'exemple pour qu'il indique également lequel des côtés est trop court. Si les deux côtés sont trop courts, il doit afficher le message « Les deux côtés sont trop courts ! »

25 Développez une commande `cercle_polygone(`**nombre_cotes**`,` **perimetre**`)` qui dessine un polygone. Pour que le polygone ressemble à un cercle, il ne doit être dessiné que si le nombre de côtés est supérieur à 35 et si le périmètre est d'au moins 100.

26 Développez un programme qui affiche à l'écran tous les diviseurs de 24 et 54. Utilisez pour cela une instruction `if` avec l'opérateur logique `and`.

27 Développez un programme qui affiche à l'écran tous les nombres inférieurs à 1000 divisibles par 7 mais pas par 3. Utilisez à cet effet `and not` dans l'instruction `if`.

28 La moyenne harmonique de deux nombres a et b est donnée par $\frac{1}{\frac{1}{a}+\frac{1}{b}}$. Il n'est cependant possible de la calculer que si **a** et **b** sont non nuls. Développez une commande qui calcule la moyenne harmonique des paramètres **a** et **b** pour autant que **a** et **b** soient tous deux non nuls. Dans le cas contraire, la commande affiche : « Impossible de faire ce calcul. »

29 Dennis et Maria se partagent un ordinateur et ont écrit un programme qui les salue chacun personnellement lors de leur connexion.

```
prenom = input("Quel est ton prénom?")
if prenom == "Dennis" or prenom == "Maria":
    print "Bienvenue! Quel plaisir!"
else:
    print "Je ne te connais pas!"
```

Ils aimeraient modifier leur programme pour qu'il teste si le prénom saisi n'est égal ni à Dennis ni à Maria. Le programme doit cependant toujours se comporter de la même manière. Il doit cependant vérifier si le prénom saisi n'est ni Dennis ni Maria. Complétez la condition utilisant le mot-clé `and`.

```
prenom = input("Quel est ton prénom?")
if __________ and __________ :
    print "Je ne te connais pas!"
else:
    print "Bienvenue! Quel plaisir!"
```

Ce que vous avez appris

Vous êtes capable de combiner deux conditions dans une instruction `if` pour tester une condition plus complexe. La condition `A or B` est satisfaite lorsqu'au moins l'une des deux conditions A ou B est satisfaite. En l'occurrence, les deux conditions peuvent également être satisfaites. La condition `A and B` est quant à elle satisfaite lorsque A et B sont toutes deux satisfaites. La condition `not A` est satisfaite uniquement lorsque la condition A n'est pas satisfaite.

Interrompre des boucles

Il se peut que l'on ne sache pas à l'avance combien de fois il faut répéter une boucle lorsqu'on écrit le programme. En combinant les instructions `if` et `break` au sein de la boucle, il est possible d'en interrompre l'exécution dès que la tâche est terminée. Admettons que l'on veuille dessiner une spirale dont les segments deviennent de plus en plus longs. On ne sait pas à l'avance le nombre de segments à dessiner jusqu'à ce que la spirale sorte de la zone de la fenêtre. Dans de telles situations, on fixe le nombre de répétitions de la boucle à un nombre très grand, par exemple 1000 et dès qu'un segment de la spirale devient trop grand, on interrompt la boucle avec `break`.
La boucle s'interrompt même si elle n'a pas encore été parcourue 1000 fois.

Exemple 14

On veut développer une commande dessinant une spirale carrée partant de l'intérieur vers l'extérieur. La longueur du côté de départ doit pouvoir être indiquée par le paramètre cote et l'allongement des segments à chaque étape doit pouvoir être spécifié par le paramètre allongement. Le paramètre cote_max indique la longueur maximale des segments. Dès que la longueur du segment dessiné dépasse cote_max, le dessin de la spirale est interrompu. Étudiez le programme suivant :

```
from gturtle import *

def spirale(cote, allongement, cote_max):
    repeat 1000:
        if cote > cote_max:
            break
        forward(cote)
        right(90)
        cote += allongement

makeTurtle()
hideTurtle()
spirale(10, 4, 200)
```

Nouveaux concepts et éléments de langage Python

- **`break`**
  L'instruction `break` interrompt immédiatement l'exécution de la boucle dans laquelle elle se trouve. D'une part, la boucle en question ne sera plus répétée. D'autre part, toutes les instructions du corps de la boucle situées après le `break` sont ignorées. L'instruction `break` va donc faire sauter l'ordinateur directement à la fin de la boucle – exactement comme si la boucle était vraiment terminée.

30 Comment aurait-on pu écrire le programme de l'exemple si l'instruction `break` n'existait pas ? Transformez le programme de l'exemple de manière à en faire disparaître toutes les instructions `break`. Le programme doit cependant toujours dessiner la même spirale. Cela implique de calculer par avance le nombre de répétitions nécessaires de la boucle.

31 Développez une commande qui dessine une spirale hexagonale partant de l'extérieur vers l'intérieur. Il faut pouvoir déterminer la longueur du côté initial et la longueur à retrancher à chaque étape par des paramètres. Dès que la longueur du côté à dessiner est inférieure à 5, le programme doit arrêter de dessiner la spirale. Utilisez pour ce faire l'instruction `break`.

Exemple 15

Vous souvenez-vous de la manière dont nous avions compté le nombre de diviseurs d'un entier naturel ? Le programme ci-dessous effectue la même tâche. On voudrait que l'ordinateur nous indique le plus petit diviseur propre (différent de 1) d'un nombre. On commence par tester le diviseur 2 et on vérifie successivement tous les diviseurs possibles. À la différence du programme développé précédemment dans cet objectif, on interrompt la boucle dès que le premier diviseur a été trouvé. L'ordinateur exécute donc ensuite les deux instructions situées juste après la boucle et responsables d'afficher le plus petit diviseur trouvé :

```
def plus_petit_diviseur(nombre):
    candidat = 2
    repeat nombre - 1:
        if isInteger(nombre / candidat):
            break
        candidat += 1
    print "Le plus petit diviseur de", nombre,
    print "est", candidat

    if candidat == nombre:
        print "Le nombre", nombre, "est premier"
plus_petit_diviseur(1547)
```

32 Le plus petit diviseur propre d'un nombre premier est le nombre premier lui-même. Par exemple, le plus petit diviseur propre de 37 est 37. Si, dans l'exemple ci-dessus, les variables **candidat** et **nombre** possèdent la même valeur, alors **nombre** est premier. Modifiez le programme de l'exemple de telle manière qu'il n'affiche plus le plus petit diviseur mais qu'il affiche soit « 1547 est un nombre premier » ou « 1547 n'est pas un nombre premier ». Utilisez pour ce faire l'instruction `if-else`.

Exemple 16

On aimerait développer un programme qui vérifie si un nombre est un carré parfait. Un nombre est un carré parfait s'il existe un nombre entier qui, multiplié par lui-même, donne ce nombre. Pour déterminer si, par exemple 267 289 est un carré parfait, on teste tous les nombres naturels entre 1 et 10 000. On calcule d'abord 1 · 1 = 1, ensuite 2 · 2 = 4, puis 3 · 3 = 9, etc. Tant que ces nombres 1, 4, 9, etc. sont inférieurs à l'entier 267 289, la recherche se poursuit. En revanche, dès que le carré dépasse ce nombre, on interrompt la recherche.
Après la boucle, on teste à l'aide d'une instruction `if-else` si le nombre cherché vaut exactement a · a. Si c'est le cas, il s'agit d'un carré parfait.

```
def est_carre_parfait(nombre):
    a = 1
    repeat nombre:
        if a*a < nombre:
            a += 1
        else:
            break
    if a*a == nombre:
        print nombre, "est un carré parfait"
    else:
        print nombre, "n'est pas un carré parfait"

est_carre_parfait(267289)
```

33 Modifiez le programme de l'exemple de telle manière qu'il affiche la liste de tous les carrés parfaits inférieurs ou égaux au nombre fourni en paramètre. Utilisez ce programme pour afficher la liste de tous les carrés parfaits inférieurs à 1000.

34 Développez un programme qui teste si un nombre est un cube parfait. Un nombre est un cube parfait s'il existe un entier qui, élevé au cube, donne ce nombre.
Par exemple, 27 est un cube parfait car 3 · 3 · 3 = 27.

Ce que vous avez appris

L'instruction `break` interrompt volontairement l'exécution et la répétition d'une boucle de manière prématurée. Si une certaine condition est satisfaite et implique un `break`, l'ordinateur sort de la boucle et reprend l'exécution du programme à la ligne qui suit directement la boucle. Cela permet d'exécuter une tâche tant qu'elle a du sens ou jusqu'à ce que l'ordinateur trouve la solution.

Boucles while

Les mots-clés `if` et `break` permettent d'indiquer à l'ordinateur qu'il ne doit effectuer une tâche que jusqu'à ce qu'une certaine condition soit vérifiée. Cela est possible avec la boucle `repeat` mais il est nécessaire de fixer un grand nombre de répétitions pour que cela fonctionne. Ne serait-il pas plus pratique et plus utile si l'on pouvait directement indiquer à l'ordinateur qu'il doit exécuter une tâche aussi longtemps qu'une certaine condition est satisfaite ? C'est exactement la raison de l'existence d'un deuxième type de boucle : la boucle `while`.

Nouveaux concepts et éléments de langage Python

- **`while` condition :**
  La boucle `while` répète une tâche tant que la condition après le `while` est satisfaite. Attention : si la condition après le `while` est toujours vérifiée, la boucle tourne indéfiniment sans jamais se terminer.

Exemple 17

Dans l'exemple 14, on a développé une commande qui dessine une spirale carrée. On a veillé, avec `if` et `break`, à ce que la boucle s'arrête lorsque le segment de la spirale dessiné devient supérieur à cote_max. Le programme ci-dessous fait exactement de même mais en utilisant une boucle `while`, ce qui permet de raccourcir le programme et de le simplifier.
Le `while` à la ligne 4 indique que la boucle doit continuer à s'exécuter tant que la valeur de cote est inférieure ou égale à la valeur de cote_max.

```
1  from gturtle import *
2
3  def spirale(cote, allongement, cote_max):
4      while cote <= cote_max:
5          forward(cote)
6          right(90)
7          cote += allongement
8
9  makeTurtle()
10 hideTurtle()
11 spirale(10, 4, 200)
```

Il est toujours possible d'écrire une boucle `while` à l'aide d'une boucle `repeat` en utilisant judicieusement `if`, `else` et `break`. Vous pouvez cependant observer dans l'exemple que la boucle while est plus courte et plus compréhensible.

```
while cote <= cote_max:
    forward(cote)
    right(90)
    cote += 1
```

↕

```
repeat 1000000000:
    if cote <= cote_max:
        forward(cote)
        right(90)
        cote += 1
    else:
        break
```

35 Développez un programme qui dessine une spirale octogonale allant de l'extérieur vers l'intérieur. La longueur du segment initial ainsi que le rétrécissement à chaque étape doivent pouvoir être spécifiés par des paramètres. Utilisez une boucle `while` et faites en sorte que le programme dessine la spirale tant que la longueur du segment dessiné est supérieure à 10.

36 L'exemple 16 utilise la boucle `repeat` ci-dessous. La boucle est répétée tant que **a · a** est inférieur à **nombre**. Comment peut-on écrire cela avec une boucle `while` ?

```
repeat nombre:
    if a*a < nombre:
        a += 1
    else:
        break
```

37 Développez une commande qui vérifie si un nombre fourni en paramètre est un nombre premier. Réfléchissez bien à la manière dont vous avez procédé à l'exercice 15 et utilisez cette fois-ci une boucle `while`.

38 Plus on rajoute de termes dans la somme de fractions ci-dessous, plus la somme croît. Combien de fractions suivant ce schéma faut-il additionner pour que la somme dépasse 5 ? Développez un programme qui additionne des fractions tant que la somme est inférieure à 5. Après l'exécution de la boucle, le programme doit indiquer à l'écran le nombre qui se trouve au dénominateur de la dernière fraction additionnée et la valeur de la somme de toutes les fractions.

$\frac{1}{1} + \frac{1}{2} + \frac{1}{3} + \frac{1}{4} + \frac{1}{5} + \ldots$

Ce que vous avez appris

La boucle `while` permet de répéter une tâche tant que la condition après le `while` est satisfaite.

Résumé

Lorsqu'on programme, il est nécessaire de pouvoir exécuter différentes tâches en fonction de la situation ou d'interrompre une recherche. La situation en question est déterminée par la valeur des différentes variables. Il faut donc que l'ordinateur puisse prendre des **décisions** en fonction des valeurs des variables, ce que permettent les nouvelles instructions `if`, `else`, `break` et `while`.
Grâce à l'instruction `if`, l'ordinateur peut tester une **condition** et décider s'il doit ou non exécuter le corps de l'instruction `if`. Si l'on rajoute un `else` après le `if`, l'ordinateur prend une décision entre deux tâches mutuellement exclusives. Le mot-clé `break` permet d'interrompre immédiatement la boucle et fait en sorte que l'ordinateur la quitte et exécute les instructions qui la suivent directement. Le mot-clé `while` permet de définir des boucles sans qu'il soit nécessaire de connaître à l'avance le nombre de répétitions à effectuer puisqu'elle est répétée tant qu'une certaine condition est satisfaite. Si la condition de la boucle `while` est toujours remplie, la boucle continue de tourner indéfiniment. C'est la première fois que vous êtes en mesure d'écrire des programmes qui ne se terminent en principe jamais.
Les instructions `if` et `while` peuvent être contrôlées par des **conditions complexes** résultant de la composition de plusieurs conditions à l'aide des opérateurs logiques `and` (et), `or` (ou) et `not` (ne... pas).

Dans ce chapitre, vous avez appris les éléments de langage suivants :

`if` **condition :** `corps`	Les instructions du corps du `if` ne sont exécutées que si la condition est satisfaite. Pour tester si une variable possède une certaine valeur, il faut utiliser l'opérateur de comparaison ==. On peut combiner deux conditions à l'aide des opérateurs logiques `and` ou `or`.

`if` **condition :**
    `corps 1`
`else` :
    `corps 2`
	L'ordinateur exécute soit les instructions comprises dans le corps 1 soit celles comprises dans le corps 2. Lorsque la condition du `if` est satisfaite, c'est le corps 1 qui est exécuté et, sinon, c'est le corps 2.

`break`	Interrompre immédiatement la boucle et exécuter l'instruction située juste après la boucle.
`while` **condition :** `corps`	Tant que la condition derrière le `while` est satisfaite, le corps de la boucle `while` est répété. Après chaque répétition du corps de la boucle, la condition est revérifiée. Si elle est encore satisfaite, la boucle est répétée une fois de plus.

Auto-évaluation

Concepts et éléments de langage Python

1 Comment peut-on s'assurer qu'un programme n'effectue une tâche que sous certaines conditions ?
2 Comment peut-on donner à un programme la possibilité de décider entre deux options mutuellement exclusives ?
3 Un programme peut-il choisir entre plusieurs options sur la base des valeurs prises par ses variables ? Si oui, montrez par un exemple comment cela est faisable.
4 Comment peut-on interrompre prématurément l'exécution d'une boucle ?

5 Quelle est la structure d'une boucle `while` ?

6 Que se passe-t-il si la condition du `while` est satisfaite ? Que se passe-t-il dans le cas contraire ? Quel est le rapport avec la signification du mot « while » en anglais ?

7 Que fait l'ordinateur lorsqu'il interprète la ligne `if 2*x-7 == y*y+3:` ? Comment fait-il pour déterminer la véracité de cette condition pour les valeurs actuelles des variables **x** et **y** ?

8 Dans quels cas la condition composée `A and not B` est-elle satisfaite ? Les conditions A et B doivent-elles forcément être les deux satisfaites ?

9 La condition composée `x > 0 or x < 9` est-elle satisfaite lorsque **x** possède la valeur 3 ?

10 Quelle est la négation de la condition `x == 4` ?

Exercices

1 Le programme suivant demande à l'utilisateur de saisir un nombre. Que fait-il avec ce nombre ? Que va par exemple afficher le programme lorsque le nombre saisi est 7 ? Commencez par formuler une hypothèse avant de la vérifier en exécutant le programme sur l'ordinateur.

```
def calculer(x):
    somme = 0
    while x > 0:
        somme += 3
        x -= 1
    print somme

nombre = input("Saisissez un nombre:")
if  nombre > 0:
    calculer(nombre)
```

2 On considère les trois nombres **a**, **b**, et **c**. Écrivez un programme qui teste si les trois nombres sont différents. Si c'est le cas, affichez à l'écran le message « Les trois nombres sont différents ». Dans le cas contraire, le programme doit afficher le message : « Il y a au moins deux nombres égaux ».

3 Développez un programme qui dessine la figure de l'illustration ci-dessous. Vous avez déjà travaillé avec cette figure dans l'exercice 3 de la partie « auto-évaluation » du chapitre 5. Commencez par dessiner le plus grand triangle. La mesure du côté suivant est deux fois plus courte. Votre programme doit dessiner des triangles jusqu'à ce que le côté du triangle à dessiner devienne plus petit que 3.

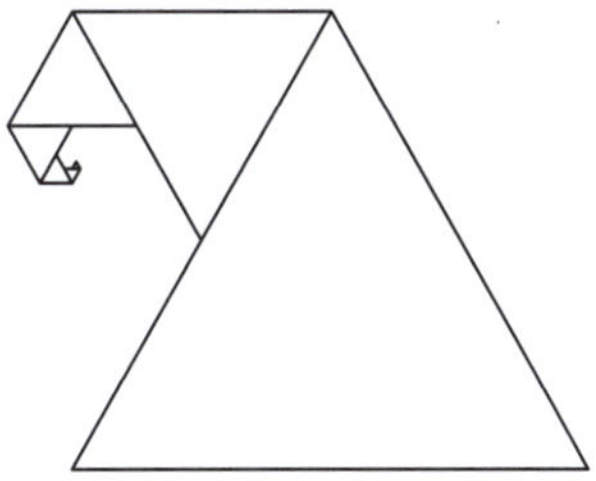

4 Développez un programme qui lit d'abord un nombre **n** avec `input()`. Le programme doit ensuite afficher la liste de tous les nombres premiers inférieurs ou égaux à **n**.

7

Listes de nombres

Les **variables** permettent de stocker des valeurs telles que des nombres, des couleurs ou des textes et de les modifier au besoin. Cela implique cependant de créer autant de variables qu'il y a de valeurs dont le programme a besoin, ce qui est problématique si le programme reçoit toute une **liste de nombres** dont on ne peut pas déterminer à l'avance la longueur. Quel que soit le nombre estimé de variables prévu lorsqu'on écrit le programme, il arrivera tôt ou tard que le programme reçoive finalement plus de nombres à traiter que ce qui avait été initialement prévu.

Dans ce chapitre, vous allez apprendre à utiliser les listes comme des variables complexes pouvant contenir une série de nombres aussi longue que vous le voulez sous un seul nom de variable. Les listes permettent de gérer des collections de nombres. Il est possible d'en retrancher des nombres, d'y insérer de nouveaux et de les utiliser pour effectuer des calculs.

Créer des listes de nombres

Une municipalité organise une course et attend un grand nombre de participants mail il n'est cependant pas possible d'en connaître le nombre à l'avance. On veut développer un programme permettant d'enregistrer les participants. On entend par « enregistrer » un participant que toutes les données nécessaires le concernant doivent pouvoir être enregistrées et maintenues dans un système de stockage persistant.
En général, les participants sont classés par catégorie d'âge et leur âge doit donc être enregistré. Lors de la rédaction du programme, on ne connaît cependant pas encore l'âge de chaque participant. Si l'on utilise des variables pour enregistrer tous ces âges, on ne sait pas combien de variables il faut définir puisque le nombre de participants est encore inconnu lors de la rédaction du programme.
Pour résoudre ce problème, Python met à disposition un type de variable spécial nommé **liste**. Les listes permettent de stocker toute une série de nombres quelconques sous un seul nom. Il est clair que les listes utiliseront toutes une quantité différente de mémoire en fonction de leur longueur. En Python, on n'a heureusement pas à se soucier de la gestion de la mémoire car d'autres informaticiens se sont déjà chargés de cette lourde tâche en programmant l'interpréteur Python. Il est même très facile d'insérer à tout moment de nouveaux nombres dans la liste, car Python se charge de la rallonger et de gérer tous les détails de la mémoire.

Nouveaux concepts et éléments de langage Python

- **liste** = [**nombre**, **nombre**, **nombre**, ..., **nombre**]
  On crée une nouvelle variable de type **liste** en indiquant entre crochets carrés autant de nombres que souhaité, séparés par des virgules. La liste contient ensuite toute la suite de nombres.
  Les nombres dans la liste sont appelés les **éléments** de la liste. Les éléments sont toujours associés à une certaine position au sein de la liste. Par exemple, pour la liste [3, 1, 3, 2, 3], le nombre 3 est la valeur des éléments aux positions 0, 2 et 4.
- **liste**.`append`(**nouveau_nombre**) et **liste**.`remove`(**nombre**)
  Une fois qu'on a défini une variable sous forme de liste, il est possible d'y insérer un nouvel élément possédant la valeur **nouveau_nombre** à l'aide de `append`. On peut supprimer un élément de la liste à l'aide de `remove`. C'est toujours le premier élément depuis la gauche possédant la valeur **nombre** qui est supprimé. Si la liste contient plusieurs éléments possédant cette même valeur, les autres éléments en question restent dans la liste.
- Une liste est une variable possédant une structure qui peut être considérée comme une suite d'emplacements mémoires contigus dont le nombre est modifiable. De telles variables structurées sont appelées **structures de données**.

Exemple 1

Le petit programme ci-dessous montre comment utiliser des listes. On définit en premier lieu une liste contenant les quatre plus petits nombres premiers et on l'enregistre dans la variable nombres_premiers. À la ligne 2, on y insère le cinquième nombre premier. Lorsque la liste est affichée, elle contient bien les cinq éléments.

```
1  nombres_premiers = [2, 3, 5, 7]
2  nombres_premiers.append(11)
3  print nombres_premiers
```

Exemple 2

Pour gérer la course, on a besoin d'une liste contenant les âges de chaque participant. On commence donc par définir à la ligne 1 une liste participants initialement vide. Les crochets carrés sont vides et la liste participants ne contient par conséquent encore aucun nombre.
Lors de l'exécution, le programme demande à l'utilisateur de saisir le nombre de participants à enregistrer. Si l'on saisit par exemple 3, la boucle va être exécutée trois fois. À chaque parcours de la boucle, le programme demande l'âge d'un participant. Le nombre saisi est enregistré dans la variable age et directement ajouté à la fin de la liste des participants.

```
1 age_participants = []
2 nombre = input("Nombre de participants:")
3 repeat nombre:
4     age = input("Âge:")
5     age_participants.append(age)
6 print age_participants
```

1 Seuls les participants âgés d'au moins 7 ans ont le droit de participer à la course. Pour tenir compte de ce fait, introduisez une instruction `if` à la ligne 5 pour vérifier que l'âge vaut au moins 7. Si le participant est suffisamment âgé, ajoutez cet âge à la liste. Dans le cas contraire, le programme doit afficher le message « trop jeune » à l'écran.

2 Est-il également possible d'ajouter des nombres à virgule à une liste ? Déterminez la réponse en essayant de le faire avec Python. Notez vos observations.

Exemple 3

Le programme ci-dessous calcule lui-même les valeurs à rajouter à la liste. On débute à nouveau avec une liste vide appelée carres_parfaits. Au sein de la boucle, la valeur de la variable x est à chaque fois incrémentée de 1. À chaque répétition de la boucle, x est multiplié par lui-même et le résultat est ajouté en fin de liste. Le résultat est une liste contenant les dix premiers carrés parfaits.

```
carres_parfaits = []
x = 1
repeat 10:
    carres_parfaits.append(x*x)
    x += 1
print carres_parfaits
```

3 Modifiez le programme de l'exemple pour qu'il fabrique une liste contenant les dix premiers cubes parfaits.

4 Développez un programme qui génère une liste de carrés parfaits. Le programme doit insérer dans la liste tous les carrés parfaits inférieurs à 1000. Utilisez une boucle `while` et non une boucle `repeat`.

5 Déterminez la liste générée par ce programme. Formulez d'abord une hypothèse en parcourant le programme à la main, sans l'aide de l'ordinateur. Vérifiez ensuite que votre hypothèse est correcte en exécutant le code sur l'ordinateur.

```
nombres = []
k = -5
repeat 11:
    z = 25 - k*k
    nombres.append(z)
    k += 1
print nombres
```

6 Développez un programme qui insère en premier lieu dans une liste les carrés parfaits 1, 4, 9, 16 et ainsi de suite jusqu'à 100. Ensuite, le programme doit compter à rebours au sein d'une deuxième boucle et ajouter à nouveau chaque carré parfait à la liste, sauf 100. Il doit donc générer la liste suivante : [1, 4, 9, 16, 25, 36, 49, 64, 81, 100, 81, 64, 49, 36, 25, 16, 9, 4, 1].

7 Développez un programme qui commence par demander de saisir un nombre avec `input()`. Il doit ensuite insérer tous les diviseurs du nombre saisi dans une liste et terminer par afficher cette liste à l'écran. Pour déterminer la liste des diviseurs d'un nombre, utilisez la commande `isInteger` vue au chapitre 6.

8 Développez un programme qui génère une liste de tous les nombres compris entre 1 et 99 contenant un 5 ou divisibles par 5. La liste contient donc par exemple les nombres 15, 30, 52, 59, 65 et ainsi de suite.

Ce que vous avez appris

Une liste de nombres n'enregistre pas un seul nombre mais une suite de valeurs de longueur quelconque. Il n'est pas nécessaire de connaître à l'avance le nombre de valeurs qui seront stockées dans la liste et on peut à tout moment y ajouter des valeurs supplémentaires ou en supprimer. En Python, on crée une nouvelle liste à l'aide d'une suite de nombres entourée de crochets carrés. Il est ensuite possible de rajouter de nouvelles valeurs à l'aide de `append(`**nombre**`)`.

Les valeurs de la suite de nombres stockée dans la liste sont appelées éléments de la liste. Un nombre peut très bien apparaître plusieurs fois dans la liste.

Parcourir les nombres d'une liste

Python permet de considérer et de manipuler chaque élément de la liste indépendamment des autres. En Python, il existe un type de boucle spécial permettant de parcourir la liste pour en traiter chaque élément de manière individuelle et d'effectuer une tâche exactement une fois pour chacun d'eux. Il s'agit de la boucle `for`.

Exemple 4

Le programme commence par initialiser la liste suite_nombres avec les nombres de 1 à 10. Pour chaque nombre de cette liste, la boucle `for` affecte la valeur du nombre en question à la variable nombre. Lors du premier parcours du corps de la boucle, nombre possède donc la valeur 1. Lors du deuxième passage, nombre aura pour valeur 2. Pour chaque nombre, le corps de la boucle teste s'il est divisible par 3. Pour chaque nombre divisible par 3, le programme affiche un astérisque à l'écran tandis que tous les autres nombres sont affichés tels quels.

```
suite_nombres = [1, 2, 3, 4, 5, 6, 7, 8, 9, 10]
for nombre in suite_nombres:
    if isInteger(nombre / 3):
        print "*",
    else:
        print nombre,
```

9 Dans l'exemple de la course, les participants doivent être triés selon les catégories juniors et seniors. Tous les participants à partir de 23 ans appartiennent à la catégorie seniors. Écrivez un programme permettant de saisir la liste des âges des participants à la course. Le programme affiche ensuite les âges de tous les participants qui courent chez les juniors.

Nouveaux concepts et éléments de langage Python

- **`for` variable `in` liste :**
  `corps`
  Une boucle `for` demande un nom de variable et une liste. Python affecte ensuite les uns après les autres les éléments de la liste à la variable indiquée et exécute le corps de la boucle pour cette valeur de la variable.
  Par exemple, pour `for x in [2, 3, 5]`, **x** prend la valeur 2 au premier parcours de la boucle, 3 au deuxième et 5 au troisième. Pour chacun de ces nombres, le corps de la boucle est exécuté exactement une fois.

10 Que dessine le programme suivant ? Esquissez d'abord l'image à la main et vérifiez votre solution en l'exécutant sur l'ordinateur.

```
from gturtle import *
makeTurtle()
cotes = [80, 50, 80, 50]
for cote in cotes:
    forward(cote)
    right(90)
```

11 Ci-dessous sont listés trois programmes utilisant une boucle `repeat` et trois autres utilisant une boucle `for` pour parcourir une liste de nombres. À chaque programme avec `repeat` correspond un programme avec `for` produisant la même sortie. Déterminez quels programmes se correspondent sans utiliser l'ordinateur.

A

```
x = 1
repeat 6:
    print x,
    x += 1
```

B

```
x = 5
repeat 4:
    print x,
    x += 2
```

C

```
x = 1
repeat 5:
    print x,
    x += x
```

1

```
nombres = [5, 7, 9, 11]
for x in nombres:
    print x,
```

2

```
nombres = [1, 2, 3, 4, 5, 6]
for x in nombres:
    print x,
```

3

```
nombres = [1, 2, 4, 8, 16]
for x in nombres:
    print x,
```

Exemple 5

Il est également possible d'utiliser dans le corps d'une boucle `for` une autre variable que l'on incrémente à chaque passage. Pendant que le programme parcourt dans la boucle `for` tous les nombres de la liste nombres_premiers, il utilise la variable indice pour déterminer et afficher la position de l'élément nombre dans la liste. Le programme affiche donc pour chaque nombre premier son rang au sein de la suite des nombres premiers :

```
nombres_premiers = [2, 3, 5, 7, 11, 13, 17, 19]
indice = 0
for nombre in nombres_premiers:
    print indice, ":", nombre
    indice += 1
```

12 Modifiez le programme de l'exemple pour qu'il n'affiche que le quatrième et le cinquième nombre premier. Il ne doit donc afficher que les nombres 7 et 11. Utilisez pour cela la technique de l'indice pour déterminer la position de l'élément **nombre** au sein de la liste.

13 Après que l'ordinateur a parcouru une fois la liste avec la boucle `for`, la variable **indice** contient le nombre d'éléments dans la liste. Profitez-en et parcourez la liste une deuxième fois afin d'afficher uniquement l'avant-dernier élément de la liste. Pour la liste de nombres premiers de l'exemple, il s'agit par exemple de 17.

Excursion dans la technologie informatique

Interpréter les nombres stockés dans la mémoire

Les ordinateurs ne peuvent fondamentalement stocker et traiter que des nombres. Sur les premiers ordinateurs, il s'agissait presque toujours de nombres compris entre 0 et 255. Pour pouvoir également représenter et traiter des textes, les informaticiens ont trouvé une astuce. Ils ont simplement établi un code qui fait correspondre un nombre à chaque lettre ou signe de ponctuation. Le nombre 65 correspond par exemple au A majuscule, le 66 au B majuscule, etc. Le mot « Informatique » correspond aux nombres 73, 110, 102, 111, 114, 109, 97, 116, 105, 113, 117, 101.

On peut aussi représenter les couleurs avec des nombres à l'aide des trois couleurs fondamentales rouge, vert et bleu souvent abrégées RVB (RGB en anglais). Un nombre entre 0 et 255 indique l'intensité de chaque couleur fondamentale formant le mélange additif. La combinaison 255, 0, 255 donne par exemple du magenta : il s'agit d'un mélange additif de beaucoup de rouge et de bleu sans aucun vert. La combinaison 73, 110, 102 correspond à une couleur turquoise grisâtre où le vert et le bleu sont les couleurs fondamentales les plus prononcées.

Comment l'ordinateur sait-il interpréter la combinaison 73, 110, 102 ? Il pourrait très bien s'agir du texte « Inf », d'une couleur turquoise grisâtre ou d'une suite de nombres. La réponse est simple : en plus des nombres bruts, l'ordinateur enregistre encore une indication permettant de savoir comment interpréter les données. Il utilise l'indication « txt » ou « docx » pour les textes, « gif », « png » ou « jpg » pour les images qui utilisent des nombres pour coder chaque pixel.

Lorsqu'on travaille avec les variables, ces indications ne sont pas visibles. En revanche, lorsqu'on enregistre les données dans un fichier, l'ordinateur rajoute une extension après un point à la fin du nom du fichier. On peut donc reconnaître à l'extension d'un fichier la manière dont les nombres contenus dans le fichier seront interprétés par l'ordinateur.

14 La commande `print chr(nombre)` écrit une lettre dans la fenêtre de sortie pour autant que le nombre fourni entre parenthèses corresponde bien à une lettre. Le programme ci-dessous affiche par exemple le texte ANNA :

```
mon_texte = [65, 78, 78, 65]
for nombre in mon_texte:
    print chr(nombre)
```

Utilisez cette technique pour demander à l'ordinateur d'afficher votre prénom. Vous pouvez vous référer à une table ASCII pour déterminer la valeur des différentes lettres ou la calculer en sachant que le A majuscule vaut 65 et le a minuscule 97. Pour les caractères accentués, cela dépend du jeu de caractères utilisé par l'ordinateur et il faut consulter le jeu de caractères en question sur le Web.

Scinder des listes

On peut se servir de la boucle `for` pour partitionner (trier, répartir) les éléments d'une liste en deux sous-listes selon certains critères. Cette section montre comment le faire.

Exemple 6

Au début du programme, la liste liste_de_nombres contient des nombres quelconques. Il génère de plus deux listes vides pairs et impairs. Dans la boucle `for`, le programme parcourt chaque nombre de la liste liste_de_nombres et vérifie si le nombre est divisible par 2. Si c'est le cas, il est inséré à la fin de la liste pairs, sinon à la fin de la liste impairs. À la fin, tous les nombres sont répartis entre les deux listes selon leur parité.

```
liste_de_nombres = [2, 6, 7, 9, 12, 4, 5, 11]
pairs = []
impairs = []
for nombre in liste_de_nombres :
    if isInteger(nombre / 2):
        pairs.append(nombre)
    else:
        impairs.append(nombre)
print "Nombres pairs:", pairs
print "Nombres impairs:", impairs
```

15 Commencez avec une liste contenant l'âge des participants à la course. Par exemple :

```
participants = [14, 35, 29, 20, 40, 38,
                66, 17, 20, 26, 31, 49]
```

Développez un programme qui scinde la liste en deux catégories de participants : les juniors (jusqu'à 22 ans) et les seniors (à partir de 23 ans). À la fin, le programme doit afficher la liste des juniors et la liste des seniors.

16 Étendez le programme du dernier exercice pour qu'il scinde les participants en trois catégories : les juniors jusqu'à 22 ans, les seniors entre 23 et 34 ans et les vétérans à partir de 35 ans. Votre programme trie à nouveau chaque participant par catégorie et affiche les trois listes à la fin de son exécution.

Additionner les nombres d'une liste

Pendant que l'on parcourt les nombres d'une liste, on peut les additionner pour en calculer la somme.

Exemple 7

Pour calculer la somme de la liste, il est important de commencer par initialiser la variable somme à zéro. Ensuite, le programme parcourt les nombres de la liste et additionne chacun d'eux à la variable somme au sein de la boucle.

```
liste = [1, 2, 3, 4, 5]

somme = 0
for nombre in liste:
    somme += nombre
print somme
```

17 Développez un programme qui commence par générer une liste des carrés parfaits 1, 4, 9, …, 100. Le programme calcule ensuite la somme de ces nombres et affiche le résultat à l'écran.

18 Si l'on remplace `somme += nombre` par `somme += 1` dans le programme exemple, le programme va ajouter un à la somme pour chacun des nombres de la liste. La variable **somme** ne contient par conséquent plus la somme des nombres mais le nombre d'éléments présents dans la liste. De ce fait, il faudrait nommer cette variable qui compte le nombre d'éléments **nbre_elements** au lieu de **somme**.
Développez alors un programme qui compte le nombre d'éléments présents dans une liste quelconque et testez votre programme sur quelques listes pour vérifier qu'il fonctionne correctement.

19 Développez un programme qui calcule simultanément la somme et le nombre d'éléments d'une liste. À la fin, le programme doit calculer et afficher à l'écran la moyenne arithmétique de la liste en divisant la somme des éléments par leur nombre.

Ce que vous avez appris

Lorsqu'on a une liste, on peut utiliser la boucle `for` pour écrire un programme qui sera exécuté pour chacun des nombres de la liste. Python s'occupe d'affecter automatiquement les unes après les autres chacune des valeurs de la liste à la variable de la boucle et d'exécuter le corps de la boucle pour cette valeur de la variable.
La scission d'une liste en deux sous-listes selon certains critères et le calcul de la somme ou du nombre des éléments d'une liste constituent deux cas d'utilisation très fréquents de la boucle `for`.

Définir des commandes pour les listes

Une tâche répétitive devrait pouvoir être programmée en définissant une nouvelle commande. Il est par exemple très fréquent de devoir générer la liste des nombres 1, 2, 3, 4, … Il est donc pertinent de définir une commande pour effectuer ce travail. Il y a cependant une différence de taille par rapport au cas des variables élémentaires. Lorsqu'on transmet à un sous-programme une variable élémentaire en guise de paramètre, le sous-programme va copier la valeur de la variable passée dans une nouvelle variable qui lui est propre. Pour cette raison, un sous-programme ne peut pas modifier la valeur de la variable utilisée dans le programme principal. Ce n'est pas le cas avec les listes. Lorsqu'on passe à un sous-programme une liste en guise de paramètre, Python ne va pas copier les éléments de la liste passée dans une nouvelle liste qui serait propre au sous-programme. Le sous-programme va au contraire travailler directement avec la liste passée par le programme principal et peut de ce fait la modifier si nécessaire.

Exemple 8

Le programme suivant génère une liste appelée ma_liste. Le programme utilise trois variables : la structure de données liste et deux variables élémentaires debut et fin. On appelle le programme avec une liste vide et deux nombres naturels pour debut et fin. Si la valeur de debut est inférieure à la valeur de fin, le programme génère une suite de nombres naturels allant depuis debut jusqu'à fin et la place dans la structure de données ma_liste.
Étudiez attentivement le programme et essayez de bien comprendre comment la suite de nombres est générée.

```
def intervalle(liste, debut, fin):
    if debut <= fin:
        x = debut
        while x <= fin:
            liste.append(x)
            x += 1

ma_liste = []
intervalle(ma_liste, 5, 19)
print ma_liste
```

20 Définissez une commande `intervalle_pairs` (**liste**, **debut**, **fin**) qui ne génère que les nombres pairs entre **debut** et **fin** et les ajoute à la liste.

21 Définissez une commande `moyenne` (**liste**) qui calcule la moyenne arithmétique de tous les nombres d'une liste et l'affiche à l'écran.

22 Définissez une commande `somme_liste` (**liste**) qui calcule la somme de tous les éléments de **liste**, ajoute cette somme à la fin de la liste avec `append()` et affiche finalement la liste ainsi modifiée.

23 Développez une commande `compte_valeurs` (**liste, valeur**) qui compte le nombre d'occurrences de **valeur** dans la liste **liste** et qui affiche ensuite par exemple «La valeur 4 apparaît 7 fois dans la liste».

24 À l'exercice 10, la tortue dessine un rectangle à l'aide de la boucle `for`. Définissez une commande `rectangle` (**a, b**) utilisant cette technique avec une liste et une boucle `for` pour dessiner un rectangle quelconque dont les côtés mesurent **a** et **b**.

25 Déterminez la liste affichée par la commande suivante. Commencez par répondre à la question sans utiliser l'ordinateur avant de vérifier votre solution en exécutant le programme sur l'ordinateur.

```
def abc(liste):
    x = 1
    while x < 20:
        liste.append(2*x)
        x += 1
ma_liste = []
abc(ma_liste)
print ma_liste
```

Ce que vous avez appris

Vous êtes capable de définir des commandes prenant des listes en guise de paramètres. Ces commandes peuvent modifier la liste en y insérant de nouveaux éléments par exemple. Après l'exécution de la commande, le programme principal peut continuer à travailler avec la liste modifiée. Le programme principal ainsi que le sous-programme travaillent ainsi avec exactement la même liste. Ce fonctionnement diffère fondamentalement de ce qui se passe avec les variables «simples», où une modification de la variable dans le sous-programme n'a aucun effet sur la variable du programme principal. Les structures de données et les variables élémentaires ne pouvant contenir qu'une seule valeur suivent donc des règles très différentes.

Trouver la plus grande et la plus petite valeur

À ce stade, vous êtes capable de scinder des listes de nombres ou de calculer la moyenne de tous les nombres d'une liste. En ce qui concerne la course, vous êtes donc en mesure de trier les participants par catégorie d'âge et de déterminer leur âge moyen. Quel est cependant l'âge du plus jeune ou du plus âgé des participants ? Autrement dit, comment fait-on pour programmer l'ordinateur afin qu'il détermine le plus petit et le plus grand nombre d'une liste ?

Exemple 9

Comment réaliser un programme pour déterminer le plus grand de trois nombres a, b et c ? Pour répondre à cette question, nous allons dans un premier temps travailler sans liste. On commence par supposer que a est la plus grande valeur en affectant sa valeur à la variable maximum. On compare ensuite notre maximum avec b et on vérifie si b possède une valeur encore plus grande. Si c'est le cas, b devient le nouveau maximum. Enfin, on compare encore le maximum avec c et s'il est encore plus grand, on affecte sa valeur à la variable maximum.

```
def plus_grand(a, b, c):
    maximum = a
    if b > maximum:
        maximum = b
    if c > maximum:
        maximum = c
    print maximum

plus_grand(3, 4, 2)
```

26 Complétez la commande `plus_grand(a, b, c)` en ajoutant deux paramètres supplémentaires **d** et **e**.
La commande doit donc déterminer le plus grand nombre parmi cinq.

Exemple 10

Dès que l'on veut déterminer le plus grand nombre d'une longue liste, il serait ingérable d'utiliser des paramètres individuels comme dans l'exemple précédent. De ce fait, on utilise plutôt une liste de nombres mais la stratégie reste globalement la même :
l'instruction `maximum = nombres.first` permet de dire à l'ordinateur de copier la valeur du premier élément de la liste nombres dans la variable maximum. Ensuite, on parcourt tous les nombres de la liste avec une boucle `for`, y compris le premier nombre. Pour chaque nombre parcouru, on vérifie s'il est supérieur au maximum rencontré jusque-là. Si c'est le cas, ce dernier nombre examiné devient le nouveau maximum temporaire.

```
def nombre_max(nombres):
    maximum = nombres.first
    for x in nombres:
        if x > maximum:
            maximum = x
    print maximum

nombre_max([3, 4, 2, 7, 1])
```

Nouveaux concepts et éléments de langage Python

- **liste**.`first`
  liste.`first` retourne toujours le premier élément de la liste.
- **liste**.`last`
  liste.`last` retourne toujours le dernier élément de la liste.
- `len(`**liste**`)`
  `len(`**liste**`)` retourne le nombre d'éléments présents dans la liste.

27 Dans notre course, les juniors ont tous moins de 23 ans. Quel est l'âge du plus grand junior inscrit?
Développez un programme qui scinde en deux la liste contenant les âges de tous les participants: les juniors (jusqu'à 23 ans) et les seniors (à partir de 23 ans).
Le programme affiche ensuite l'âge du junior le plus âgé et du senior le plus jeune.
Utilisez la liste exemple 14, 35, 20, 40, 33, 66, 17, 20.

28 Développez un programme qui scinde la liste des âges des participants de l'exercice 27. Le programme détermine ensuite à l'aide de `len()` le nombre de juniors et de seniors qui prennent part à la course et affiche le résultat à l'écran. Le programme pourrait par exemple afficher: «Cinq juniors et trois seniors prennent part à la course.»

29 Développez un programme qui cherche le deuxième plus petit nombre dans une liste de nombres et l'affiche à l'écran. Pour ce faire, il peut être utile de commencer par chercher le plus petit nombre de la liste.

30 Développez une commande qui cherche le plus petit nombre d'une liste de nombres, l'affiche à l'écran et le supprime ensuite de la liste. Débutez avec la liste de l'exercice 27 et appelez ensuite la commande huit fois. Que remarquez-vous de spécial avec la sortie?

Ce que vous avez appris

Vous connaissez une stratégie permettant de trouver le plus petit ou le plus grand élément d'une liste de longueur quelconque et de l'enregistrer dans une variable. Vous êtes également capable d'accéder au premier et au dernier élément d'une liste et de déterminer sa longueur avec `len()`.

Faire de l'ordre

Lorsqu'on utilise fréquemment certaines données, il vaut mieux les classer et les trier pour pouvoir y trouver rapidement ce que l'on cherche. Google a bâti son empire sur la capacité de mettre de l'ordre dans l'immensité de l'océan de données du Web afin de pouvoir y trouver un site Web cherché en un clin d'œil. Comment l'ordinateur fait-il pour trier les valeurs présentes dans une liste ?
Le but est de trier une liste de nombres donnée. L'ordinateur reçoit en entrée une liste de longueur quelconque contenant des nombres placés dans n'importe quel ordre.
Le problème du tri consiste à créer une nouvelle liste contenant les nombres de la liste originale triés dans l'ordre croissant. Si la liste en entrée est [11, 7, 5, 2, 7, 4, 7, 3, 1, 2], la liste produite en sortie devrait être [1, 2, 2, 3, 4, 5, 7, 7, 7, 11].

Exemple 11

Pour effectuer le tri, on peut utiliser la stratégie suivante :
L'ordinateur cherche le plus petit nombre de la liste en entrée. Il l'insère ensuite dans la liste de sortie et le supprime de la liste d'entrée. Il reprend ensuite ce processus en cherchant à nouveau le plus petit élément de la liste de départ et en l'insérant dans la liste de sortie.
L'ordinateur continue à procéder ainsi jusqu'à ce que la liste d'entrée soit vide.
La manière dont l'ordinateur cherche le plus petit ou le plus grand nombre de la liste a déjà été vue dans l'exemple 10. On supprime le plus petit nombre de la liste de départ avec chaos`.remove(`**minimum**`)` **et on l'insère dans la liste de sortie triee avec triee**`.append(`**minimum**`)` **.**

```
def sort(triee, chaos):
    while len(chaos) > 0:
        minimum = chaos.first
        for nombre in chaos:
            if nombre < minimum:
                minimum = nombre
        chaos.remove(minimum)
        triee.append(minimum)

triee = []
sort(triee, [4, 6, 1, 3, 9, 5, 4])
print triee
```

31 Modifiez le programme de l'exemple de telle sorte qu'il cherche à chaque fois le plus grand nombre de la liste d'entrée au lieu de chercher le plus petit. Cela change-t-il quelque chose à la sortie ?
La liste de sortie est-elle encore triée ?

Ce que vous avez appris

Il est plus facile de chercher un nombre dans une liste triée que dans une liste désordonnée.
De ce fait, on commence souvent par trier la liste de nombres. Une manière simple d'y parvenir consiste à y chercher de manière répétée le plus petit élément, supprimer ce plus petit nombre de la liste et l'insérer à la fin d'une nouvelle liste initialement vide qui contiendra ainsi les nombres de la liste de départ mais triés par ordre croissant.

Résumé

Une **liste** peut stocker une suite de nombres de longueur quelconque. Chaque nombre de la liste à une position donnée est appelé **élément** de la suite. Un nombre peut apparaître plusieurs fois dans la liste. La liste [3, 1, 2, 3, 3, 1] contient par exemple six éléments mais uniquement trois valeurs différentes.

Les listes permettent de stocker des suites de valeurs dont on ne connaît absolument pas la longueur lors de la rédaction du programme. On y insère de nouvelles valeurs avec **liste**.`append`(**nombre**), ce qui permet à tout moment d'agrandir la liste. On peut utiliser **liste**.`remove`(**nombre**) pour supprimer le premier élément de la liste depuis la gauche qui possède la valeur **nombre**.

Pour parcourir toutes les valeurs d'une liste, on utilise une **boucle** `for` qui permet de dire à l'ordinateur qu'il doit exécuter le corps de la boucle exactement une fois pour chaque élément de la liste. Cela permet de chercher un élément particulier de la liste, calculer la somme de la liste ou répartir les éléments de la liste en plusieurs sous-listes selon certains critères. La tâche la plus fréquente en traitement de données consiste à trouver une certaine valeur. De ce fait, il vaut souvent la peine de garder les données triées. S'agissant des nombres, il est souvent pertinent de les garder triés dans l'ordre croissant. En pratique, il existe de nombreuses stratégies pour garantir cet ordre : ces dernières s'appellent des **algorithmes de tri**. Nous avons abordé un tel algorithme de tri simple : on cherche de manière répétée le plus petit élément d'une liste, on le supprime de la liste non triée et on l'insère à la fin d'une liste initialement vide qui contiendra à la fin du processus tous les éléments dans l'ordre croissant.

Dans ce chapitre, vous avez appris les commandes suivantes :

liste = [**nbre**, **nbre**, ..., **nbre**]	Générer une liste contenant les nombres spécifiés.
liste.`append`(**nbre**)	Ajouter un élément de valeur **nbre** en fin de liste.
liste.`remove`(**nbre**)	Supprimer de la liste le premier élément de valeur **nbre**.
liste.`first`	Accéder au premier élément de la liste.
liste.`last`	Accéder au dernier élément de la liste.
`len`(**liste**)	Déterminer le nombre d'éléments dans la liste.
`for` **variable** **`in`** **liste** **:** `corps`	Parcourir la liste et exécuter le corps de la boucle exactement une fois pour chaque élément de la liste.

Auto-évaluation

Concepts et éléments de langage Python

1 Quelle est la différence entre une structure de données telle qu'une liste et une variable élémentaire ?
2 Quelles sont les commandes permettant d'accéder au premier et au dernier élément d'une liste ?
3 Comment peut-on insérer un élément dans une liste ? Où cet élément va-t-il être inséré ?
4 Avec quelle instruction peut-on parcourir tous les éléments d'une liste ?
5 Quelle est la différence entre un élément d'une liste et une valeur présente dans la liste ? Une liste peut-elle contenir plusieurs éléments possédant la même valeur ?

Exercices

1 Développez un programme qui accole trois listes données **liste1**, **liste2** et **liste3** en une seule **liste_totale** qui contient les trois listes à la suite. La liste **liste_totale** contient donc d'abord tous les éléments de **liste1**, ensuite ceux de **liste2** et finalement ceux de **liste3**.

2 On peut désigner les éléments d'une liste de longueur n en fonction de leur position. Le premier élément se trouve à la position 0, le deuxième à la position 1 et ainsi de suite jusqu'au dernier situé à la position n-1. Cela n'a rien à voir avec leur valeur. Développez un programme qui affiche, pour un nombre quelconque **i** et une liste **liste**, la valeur de l'élément se trouvant à la position i dans la liste en question.

3 Développez un programme qui détermine, pour une liste donnée, si elle ne contient que des valeurs différentes. Pour ce faire, il doit déterminer le nombre d'occurrences de chacune des valeurs présentes dans la liste et, pour chaque valeur rencontrée plusieurs fois, afficher à l'écran le message : « La valeur x apparaît plusieurs fois dans la liste. »

4 **Projet :** la médiane d'une suite de nombres est un nombre (un élément de la liste) ayant les propriétés suivantes :
- Au moins la moitié des éléments de la suite de nombres sont supérieurs ou égaux à la médiane.
- Au moins la moitié des éléments de la suite de nombres sont inférieurs ou égaux à la médiane.

Par exemple, la médiane de la suite de nombres 7, 1, 2, 2, 5, 5, 9, 3, 1, 7 est 5.
Définissez une commande `mediane(liste, nombre)` qui vérifie si **nombre** est la médiane de la liste.

8

Stockage et traitement de données

Les variables permettent de stocker et d'utiliser des valeurs quelconques durant l'exécution du programme. Mais une fois le programme terminé, les variables du programme ainsi que la mémoire qu'elles utilisaient sont effacées et les emplacements mémoire occupés sont libérés. L'ordinateur fait ainsi de la place pour l'exécution d'autres programmes. Souvent, on doit pouvoir préserver à long terme et indépendamment de l'exécution du programme certaines données ou le résultat des traitements effectués.

Dans ce chapitre, vous allez apprendre comment créer des variables de manière durable pour traiter et stocker des données à long terme. En plus de cela, vous allez apprendre à représenter les données de manière structurée à l'aide de tables (tableaux). Vous allez voir que les tables étendent le concept de liste et qu'elles permettent de réutiliser de nombreux concepts liés aux listes.

Stocker des données à long terme

Lorsque l'ordinateur quitte un programme, il efface toutes les valeurs des variables utilisées par ce programme et libère la place qu'elles occupaient en mémoire pour faire de la place aux variables d'autres programmes. Parfois, on aimerait cependant pouvoir conserver la valeur des variables au-delà de la durée de l'exécution du programme. Pour ce faire, on peut créer une base de données. Une **base de données** (*database* en anglais) est comme une collection de variables dont les valeurs sont stockées de manière permanente. Ainsi, ce sont les données qui sont au premier plan et non plus le programme. Les programmes viennent et disparaissent mais les données demeurent.

Exemple 1

Cet exemple montre comment créer et travailler avec une base de données. De manière similaire aux programmes utilisant la tortue graphique, les programmes utilisant une base de données nécessitent certaines commandes qu'il est nécessaire de charger. Cette ligne était `from gturtle import *` **pour charger la tortue graphique et devient** `from database1 import *` **pour travailler avec une base de données.**
La deuxième ligne ouvre une connexion à la base de données et affecte la base de données à la variable DB. Pour ouvrir une nouvelle base de données, il faut indiquer un nom de fichier, en l'occurrence `ma_base_de_donnees`.
Avant de pouvoir utiliser les variables de la base de données, il faut les créer. Pour ce faire, on peut écrire un court programme chargé d'ouvrir la base de données et d'y créer une ou plusieurs variables. En l'occurrence, on crée la variable x et on lui affecte la valeur 0.

```
1 from database1 import *
2 DB = Database("ma_base_de_donnees")
3 DB.x = 0
```

Il est maintenant possible d'utiliser les variables de la base de données : à la troisième ligne, on incrémente de 1 la valeur de x et la ligne 4 affiche sa valeur dans la fenêtre de sortie. Si l'on exécute plusieurs fois le programme, on constate que la valeur de la variable x ne cesse d'augmenter à chaque exécution.

```
1 from database1 import *
2 DB = Database("ma_base_de_donnees")
3 DB.x += 1
4 print DB.x
```

1 Modifiez le programme de l'exemple précédent pour que la variable **x** soit réinitialisée à 0 dès que sa valeur atteint 3.

2 Développez un programme utilisant une base de données et affichant un nouveau carré parfait à chaque exécution. Il doit afficher 1 lors de la première exécution, 4 lors de la deuxième et 9 lors de la troisième, etc.

3 Développez un programme qui dessine un polygone. Lors de la première exécution, il dessine un triangle équilatéral de côté 200. Lors de la deuxième exécution, il dessine un carré de côté 180 et lors de la troisième exécution, un pentagone régulier de côté 162, etc. Autrement dit, lors de chaque exécution du programme, le nombre de sommets du polygone est incrémenté de 1 et la longueur des côtés est multipliée par 0,9.

Nouveaux concepts et éléments de langage Python

- `from database1 import *`
  Charge les commandes permettant de travailler avec la base de données.
- `DB = Database("nom")`
  Ouvre la base de données ayant le nom indiqué.
  Chaque variable **variable** contenue dans la base de données peut être utilisée ou modifiée avec `DB.`**variable**. Le `DB.` devant le nom de la variable est important car il permet de dire à l'ordinateur que l'on veut travailler avec les variables contenues dans la base de données.
- Certaines variables sont propres à un programme donné et d'autres sont partagées entre plusieurs programmes. Les variables propres au corps d'une commande sont appelées **variables locales**. Les variables propres à un programme définies hors de toute commande sont en revanche appelées **variables globales** et sont accessibles depuis n'importe où dans le programme. Les paramètres des commandes sont toujours des variables locales. Les variables stockées dans une base de données ne sont en revanche pas propres à un programme et sont des **variables permanentes**. N'importe quel programme peut y accéder, en utiliser et en modifier la valeur.

Exemple 2

Vous pourriez enregistrer vos notes d'évaluations et y accéder à tout moment pour y insérer une nouvelle note. Pour ce faire, il suffit d'ouvrir la base de données `mon_carnet` **contenant la variable notes. Le programme demande la dernière note obtenue et l'insère à la fin de la liste DB.notes avec DB.notes**`.append()`**. Toute la liste de notes ainsi que la moyenne sont ensuite affichées. Là encore, il faut un petit programme permettant de créer la variable notes dans la base de données :**

```
from database1 import *
DB = Database("mon_carnet")
DB.notes = []
```

Voici le programme permettant de saisir les notes :

```
from database1 import *

def moyenne(liste):
    somme = 0
    for nombre in liste:
        somme += nombre
    print somme / len(liste)

DB = Database("mon_carnet")
note = input("Saisir la dernière note obtenue:")
DB.notes.append(note)
print DB.notes
moyenne(DB.notes)
```

4 On considère la suite des nombres divisibles par 7 ou contenant le chiffre 7. Développez un programme qui affiche lors de chaque exécution le prochain nombre de cette suite. Pour ce faire, le programme commence avec la liste suivante stockée dans une base de données [7, 14, 17, 21, 27, 28, 35, 42, 47, 49]. Lors de chaque appel, le programme affiche le premier élément à l'écran et l'efface de la liste.

Excursion dans la technologie informatique

Compter le nombre de visiteurs d'une page Web

Sur Internet, on utilise souvent des variables permanentes pour compter le nombre de visiteurs d'une page Web ou le nombre de fois où un fichier a été téléchargé. Pour ce faire, on met en place pour chaque page Web une variable permanente qui est incrémentée de 1 à chaque fois que la page est demandée.

Il est important de connaître le nombre de visiteurs d'une page pour être en mesure d'évaluer l'intérêt qu'elle suscite. Google ou YouTube utilisent ces informations pour permettre de produire de meilleurs résultats de recherche.

Si une page est visitée par beaucoup de monde, elle doit être répliquée à plusieurs endroits du globe pour être rapidement accessible par les différents internautes. Pour répondre de manière pertinente à une recherche, Google affiche par exemple toujours d'abord les résultats qui contiennent les mots-clés cherchés et jouissent d'une grande popularité.

5 Développez un programme qui affiche lors de chaque exécution le prochain nombre premier. Il affiche donc 2 lors de la première exécution, 3 lors de la deuxième, 5 lors de la troisième, etc.

Ce que vous avez appris

Les variables d'une base de données sont stockées à long terme et sont accessibles par tous les programmes. On les appelle de ce fait des variables permanentes. Elles conservent leur valeur lorsque le programme est arrêté et redémarré et même après le redémarrage de l'ordinateur. Pour ouvrir la base de données, il faut indiquer le nom du fichier qui la contient.

Dans ce contexte, ce sont les données qui jouent le rôle principal et non le programme. Jusqu'à présent, les variables n'ont été considérées que dans un rôle auxiliaire pour permettre au programme de réaliser sa tâche. À présent, ce sont les programmes qui sont des auxiliaires pour chercher et traiter des données présentes dans une base de données.

Structurer les données sous forme de tables

Les listes et les variables élémentaires ne suffisent pas pour organiser de grandes quantités de données. Il est certes possible d'utiliser une liste pour stocker les âges de toutes les personnes d'une classe mais cela ne permet pas de connaître l'âge de chacune d'elles.
Les **tables** (table en anglais) sont des tableaux permettant de traiter ce cas de manière plus appropriée qu'une simple liste. Vous allez donc apprendre dans cette section à utiliser des tables pour organiser les données.

Prénom	Âge
Usain	32
Hélène	25
Allyson	32
Christophe	27

Reprenons l'exemple de la course à organiser du chapitre précédent. Nous avons déjà vu comment enregistrer l'âge de chaque participant dans une liste. Si l'on veut en plus sauvegarder d'autres informations, il vaut mieux utiliser une table. Les âges des participants ne figurent donc plus sur une ligne, les uns après les autres, mais en colonne, les uns en dessous des autres.
La table de l'illustration de gauche montre quatre participants de la course. Elle contient deux colonnes et quatre lignes. Les lignes sont souvent désignées par le mot **enregistrements** ou **entrées** de la table. Chaque entrée contient donc deux valeurs : la première dans la colonne « Prénom » et la deuxième dans la colonne « Âge ».

Exemple 3

Dans le programme suivant, on crée en Python la table des quatre coureurs présentés ci-dessus. Aux premières lignes, on crée une nouvelle table avec la commande `Table()` **et on l'enregistre dans la variable participants. La table possède deux colonnes. La première s'appelle « Prénom » et la deuxième « Âge ».**
Comme pour les listes, participants.`append()` **permet de rajouter une nouvelle entrée à la table. Chaque entrée nécessite un prénom et un âge. Ce sont les lignes 2 à 5 qui spécifient que la table contient ces deux colonnes qui doivent être présentes dans chaque enregistrement. Les colonnes sont aussi parfois appelées champs de la table ou de l'enregistrement.**

```
1 from database1 import *
2 participants = Table()
3 participants.addColumn("Prénom")
4 participants.addColumn("Âge")
5 participants.append("Usain", 32)
6 participants.append("Hélène", 25)
7 participants.append("Allyson", 32)
8 participants.append("Christophe", 27)
9 print participants
```

Nouveaux concepts et éléments de langage Python

- **table** = `Table` (**"colonne1", "colonne2"**, ...)
  La commande `Table()` crée une nouvelle table vide et l'enregistre dans la variable **table**. Entre parenthèses, on indique un intitulé unique propre à chaque colonne.
- **table**.`append` (**valeur1, valeur2**, ...)
  Comme pour les listes, on utilise **table**.`append()` pour insérer une nouvelle entrée dans la table. Il est nécessaire d'indiquer pour chaque entrée une valeur par colonne de la table.
- **table**.`remove` (**valeur1, valeur2**, ...)
  En contrepartie de **table**.`append()`, on utilise **table**.`remove()` pour supprimer une entrée de la table.
- `len` (**table**)
  La commande `len` (**table**) permet de déterminer le nombre d'entrées de la table.

6 Lors d'une course, les femmes et les hommes courent dans deux catégories différentes. Complétez le programme de l'exemple 3 pour pouvoir encore indiquer le sexe et le numéro de dossard de chaque participant.

7 Développez une commande `add_person` (**nom, âge, sexe**) qui insère un participant dans la table. Le numéro de dossard doit être attribué automatiquement par la commande. La première personne à être introduite dans la table doit recevoir le numéro 1, la deuxième le numéro 2, etc. Il est possible de déterminer le numéro de dossard d'un participant en consultant la longueur de la table avec `len()`, ce qui permet de voir combien de personnes ont déjà été enregistrées dans la table.

Excursion dans la technologie informatique

Sécurisation d'une base de données
Souvent, de nombreux utilisateurs travaillent en même temps sur une grosse base de données qu'il faut de ce fait héberger sur un ordinateur central appelé serveur de bases de données. Pour travailler avec la base de données, on doit d'abord se connecter au serveur à travers un réseau pour charger tout ou partie de la base de données sur son propre ordinateur local. Il est aussi possible d'envoyer au serveur un petit programme qu'il aura soin d'exécuter sur la base de données.

Les banques conservent typiquement les données bancaires de leurs clients dans de grosses bases de données. Lorsque vous retirez de l'argent au bancomat, ce dernier se connecte au serveur de base de données, contrôle le solde restant sur le compte et soustrait le montant retiré du solde disponible sur le compte.

Lorsque plusieurs personnes travaillent en même temps sur la base de données, il se pose un épineux problème de **synchronisation**. Admettons en effet que Claudia apporte des modifications à la base de données. Il faut garantir que tous les autres utilisateurs puissent immédiatement voir ces modifications. Cela est loin d'être évident, puisque chaque utilisateur possède sur son propre ordinateur sa propre copie des données avec lesquelles il travaille. Que se passe-t-il en effet si Manuel apporte des modifications en même temps que Claudia ?

Pour illustrer ce problème, prenons le cas d'un cinéma qui utilise une base de données pour gérer les différentes places assises de ses différentes salles. Claudia et Manuel veulent maintenant procéder exactement en même temps à la réservation de la place 10 de la rangée 10 de la même salle. Le serveur doit dans ce cas s'assurer qu'ils ne pourront pas tous deux acheter et réserver la place en n'acceptant que la réservation de l'un d'eux. Admettons que Manuel devance Claudia de quelques millisecondes. Dans ce cas, le serveur doit avertir Claudia qu'elle doit réserver une autre place.

En plus de garantir la synchronisation des données, les entreprises doivent également garantir leur intégrité et leur disponibilité si le serveur rencontre une avarie technique. Dans cet objectif, on effectue au moins une fois par jour une **sauvegarde**. Une sauvegarde est une copie exacte de la base de données sur un disque externe conservé dans un endroit résistant aux incendies.

Il est aussi pertinent pour les privés de sauvegarder régulièrement leurs données importantes sur un support de stockage externe. Cela permet notamment de se protéger de certaines attaques de pirates informatiques qui pourraient effacer toutes les données de l'ordinateur ou les crypter pour exiger une rançon (*ransomware* / rançongiciel).

Exemple 4

L'organisation des données sous forme de tables offre de très nombreuses possibilités lorsqu'on travaille avec les bases de données. À la ligne 3, on ajoute la variable pour la table participants à la base de données. Exécutez le programme.

```
1  from database1 import *
2  DB = Database("course_communale")
3  DB.participants = Table("Prénom", "Âge")
4  DB.participants.append("Usain", 32)
5  DB.participants.append("Hélène", 25)
6  print DB.participants
```

Après que le programme s'est exécuté une fois, Usain et Hélène sont enregistrés dans la base de données. Si vous supprimez les lignes 4 et 5 qui insèrent ces participants dans la base de données, vous pourrez constater que le programme continue d'afficher la table contenant les deux participants à la course.

8 Créez vous-même votre propre base de données pour gérer la course communale. Insérez au moins 10 personnes avec des âges différents.

Ce que vous avez appris

Les tables permettent de structurer les données encore mieux que les listes. Les lignes de la table constituent les différentes entrées qui peuvent chacune contenir plusieurs informations, mais doivent toutes respecter la même structure indiquée par les colonnes de la table. Lors de la création d'une table, on indique les colonnes qu'elle doit posséder et qui déterminent la structure des entrées. Chaque colonne possède un intitulé et chaque entrée de la table doit posséder une valeur par colonne.

Utiliser des tables

On peut transposer aux tables de nombreuses techniques et de nombreux principes appris en lien avec les listes.

Exemple 5

Qui sont les participants de la course âgés de plus de 30 ans ? Pour répondre à cette question, on utilise la même stratégie que pour les listes. On utilise une boucle `for` pour parcourir toutes les entrées de la table. Pour chacune d'elles, on vérifie si l'âge est supérieur à 30 ans. Dans l'affirmative, on affiche toute l'entrée à l'écran.

```
from database1 import *
DB = Database("course_communale")
for entree in DB.participants:
    if entree["Âge"] > 30:
        print entree["Prénom"], "a",
        print entree["Âge"], "ans"
```

9 Complétez le programme de l'exemple pour qu'il compte le nombre de participants âgés de plus de 30 ans.

10 Développez un programme qui cherche la personne la plus jeune et la personne la plus âgée et qui les affiche à l'écran. Utilisez une boucle `for`.

Nouveaux concepts et éléments de langage Python

- **`for` entree `in` table :**
  Une boucle `for` permet de parcourir toutes les entrées d'une table et d'exécuter le corps de la boucle pour chacune d'elles. À l'intérieur de la boucle, on peut accéder aux différents champs de l'entrée avec **entree ["nom_colonne"]**. Il est donc possible de lire et de modifier leurs valeurs.

Exemple 6

Comme pour les listes, on peut scinder une table en deux tables partielles. Dans le programme suivant, on répartit les participants entre les juniors (jusqu'à 22 ans) et les seniors (à partir de 23 ans). Les participants sont déjà tous enregistrés dans la base de données. Ce programme ne fait que les répartir dans les deux catégories.

```
from database1 import *
DB = Database("course_communale")
DB.juniors = Table("Prénom", "Âge")
DB.seniors = Table("Prénom", "Âge")
for entree in DB.participants:
    if entree["Âge"] < 23:
        DB.juniors.append(entree)
    else:
        DB.seniors.append(entree)
print DB.juniors
print DB.seniors
```

11 Développez le programme de l'exemple pour que les participants à partir de 35 ans soient répartis dans une table **veterans**.

12 Développez un programme qui trie tous les participants de la course communale par ordre croissant de leur âge. Utilisez la même stratégie que dans l'exemple 11 du chapitre 7.
Définissez une commande `trier_table(`**triee**`, `**chaos**`)`.

Exemple 7

Lorsque vous insérez des données dans une table, il n'est pas nécessaire de spécifier immédiatement une valeur pour chaque champ. La table de notes du programme suivant possède trois colonnes : la première indique la discipline, la deuxième contient une liste de données et la troisième la moyenne des notes. Aux lignes 12 et 13, les entrées concernant l'informatique et les mathématiques se voient toutes deux attribuer une liste de notes. La moyenne n'est cependant pas spécifiée.
Après que toutes les notes ont été saisies, l'ordinateur parcourt toutes les disciplines avec une boucle `for` et utilise la commande `calcule_moyenne(`entree`)` pour calculer la moyenne des notes et l'insérer dans le champ approprié de l'entrée.

```
from database1 import *

def calcule_moyenne(entree):
    somme = 0
    nombre = 0
    for note in entree["Notes"]:
        somme += note
        nombre += 1
    entree["Moyenne"] = somme / nombre

carnet = Table("Branche", "Notes", "Moyenne")
carnet.append("Informatique", [5.5, 6, 5, 5.5])
carnet.append("Mathématiques", [4, 4.5, 4.25])

for entree in carnet:
    calcule_moyenne(entree)
print carnet
```

13 Étendez le programme de l'exemple de telle manière que le carnet de notes soit enregistré dans une base de données.

14 Développez une autre commande `ajoute_note(branche, note)` qui ajoute une note à la liste des notes d'une branche donnée.

15 Le module `database1` contient une table prédéfinie dans la variable **mountains** contenant une liste d'une vingtaine de montagnes à travers le monde. Elle contient les colonnes **Nom**, **Pays** et **Altitude**. Développez un programme qui y cherche toutes les montagnes culminant à plus de 3000 m d'altitude. Le programme doit afficher une table contenant les montagnes de plus 3000 m et les trier par ordre croissant d'altitude.

16 Développez un programme qui cherche toutes les montagnes dont l'altitude est comprise entre 4000 et 5000 m d'altitude et les affiche à l'écran.

Ce que vous avez appris

Comme pour les listes, il est possible de parcourir toutes les entrées d'un tableau à l'aide d'une boucle `for`. Cela permet notamment de chercher des entrées du tableau répondant à certains critères, de les afficher ou de les compter.

Résumé

Chaque programme possède ses propres variables locales dont les valeurs sont effacées lorsque l'exécution du programme se termine. Une variable n'appartient donc qu'à un seul programme, qui est le seul à pouvoir l'utiliser. En revanche, les valeurs des variables présentes dans une **base de données** n'appartiennent à aucun programme en particulier et sont accessibles par tous les programmes. Lorsqu'on enregistre des données dans une base de données, elles y sont stockées à long terme, même si aucun programme ne les utilise. Les programmes servent à gérer les données de la base de données et peuvent y chercher de l'information, y insérer de nouvelles données ou supprimer et modifier d'anciennes données.
Les **tables** permettent d'organiser avantageusement les données et d'établir des relations entre des valeurs. Il est ainsi possible de ne pas uniquement stocker l'âge d'une personne mais également son nom ou d'autres données la concernant. Les tables sont à plus d'un titre une extension bidimensionnelle du concept de liste. Alors que les éléments d'une liste ne peuvent contenir qu'une seule valeur, les tables contiennent des lignes pouvant contenir plusieurs valeurs différentes. Les valeurs de chacune des entrées sont organisées en colonnes et chaque colonne est organisée comme une liste pouvant également contenir du texte.

Dans ce chapitre, vous avez appris à vous servir des commandes suivantes :

`from database1 import *`	Charger les commandes liées à la base de données.
`DB = Database("nom")`	Ouvrir la base de données désignée par le nom spécifié.
`table = Table("colonne1", ...)`	Créer une table vide avec les colonnes spécifiées et l'enregistrer dans la variable indiquée.
`table.append(entree)`	Insérer une nouvelle entrée dans la table.
`table.remove(entree)`	Supprimer une entrée de la table.
`len(table)`	Indiquer le nombre d'entrées de la table.
`for entree in table :` `    corps`	Parcourir chaque entrée de la table et exécuter le corps de la boucle exactement une fois pour chaque entrée.
`entree["nom_colonne"]`	Permettre d'accéder aux champs individuels d'une entrée, par exemple au sein d'une boucle.

Auto-évaluation

Concepts et éléments de langage Python

1. À quoi servent les bases de données ?
2. Comment fait-on pour enregistrer une variable et sa valeur dans une base de données ?
3. Quelles instructions et commandes peut-on utiliser de manière analogue pour une liste et pour une table ?
4. Quelles sont les différences entre les listes et les tables ?

Exercices

1 Développez un programme qui trie les montagnes enregistrées dans le tableau **mountains** selon leur altitude et qui les affiche à l'écran.

2 Développez un programme permettant de stocker la liste des anniversaires de votre classe. Pour chaque camarade de classe, vous enregistrerez, en plus de son prénom, sa date de naissance séparée en trois colonnes (jour, mois et année).

3 Développez un programme qui cherche dans une liste d'anniversaires semblable à celle développée à l'exercice 2 la personne la plus jeune et la personne la plus âgée et les affiche à l'écran.

4 Développez un programme qui cherche dans une liste d'anniversaires semblable à celle développée à l'exercice 2 à quel mois de l'année il y a le plus d'anniversaires et qui affiche ensuite le mois en question à l'écran.

5 Développez un programme qui trie par ordre croissant d'âge toutes les personnes figurant dans la liste des anniversaires. Faites attention à bien classer les personnes dont les anniversaires ne sont séparés que de quelques jours.

6 D'après le « paradoxe des anniversaires », il est très probable que deux personnes d'une classe aient leur anniversaire le même jour. Développez un programme qui vérifie si deux personnes d'une liste d'anniversaires ont leur anniversaire le même jour de l'année. Si tel est le cas, le programme doit afficher le nom de ces deux personnes à l'écran.

Édition originale en allemand
Einfach Informatik, Programmieren 7-9

Auteurs : Juraj Hromkovič, Tobias Kohn
Gestion de projet et rédaction : Sara Venzin, Buchlabor Venzin
Concept de couverture et design : Hansen Typografische Gestaltung, Lucerne
Images de couverture : Zoonar GmbH/Simone Buehring/Alamy Stock Foto (Container) – iStock.com/YakobchukOlena (jeune femme) – Fotolia/dannywilde (Nikola Bašić: Greeting to the sun)
Illustrations : Vaidotas Kinčius
Schémas : Brigitte Gubler

Traduction et adaptation de la version française : Cédric Donner, Bulle
Mise en pages : Macgraph, Yves Gabioud, Puidoux
Relecture : Otto Raemy, Fribourg
Relecture typographique : Catherine Vallat, Moutier

Édition 2019

Le Mont-sur-Lausanne

ISBN 978-2-606-01801-6
LEP 935607A1
I 1119 2PCL
Imprimé en Suisse

www.editionslep.ch